子

先祖を千年、遡《さかのぼ》る

名字・戸籍・墓・家紋でわかるあなたのルーツ

GS
幻冬舎新書
258

はじめに

今自分がここに存在している理由をひもとく

皆さまは、ふと自分が今ここに存在している不思議さを感じることはないでしょうか？

もちろん千年以上前から連綿と続く先祖の存在があることは、疑いようのない事実です。

しかしながら、自分の父母や祖父母の顔や名前は分かっていても、それより前の代のことになると名前さえ分からない。ましてや、先祖がどんな生活をしていたのかということになると全く知らないという方も多いようです。

しかし、そうしたまだ見ぬ我が先祖に出会う方法というものがあります。

戸籍を丹念にたどって古いものまで取得していくだけでも幕末を生きた先祖の名前までは多くの場合判明します。その情報を基に図書館で郷土史をめくってみれば、その先祖の暮らしぶりをも感じることができます。

古い本籍地に足を運んでみれば、江戸時代から代々続く我が先祖の墓石が立ち、交流も面識もない総本家が今もそこに存在し、貴重な家の歴史が伝えられているのを知ることになります。

また、行政機関や旧家には先祖が暮らした村の江戸期の古文書（宗門人別帳《しゆうもんにんべつちよう》や検地帳など）が存在している可能性があり、そこには先祖が所有していた土地の広さや村での立場を表すような記述も見つかるかもしれません。

武士の家であれば藩の記録の中に、我が先祖のことが記載されているはずです。「分限帳《ぶげんちよう》」と呼ばれる帳面を開いてみれば、そこには全藩士の名前と給与（知行高、扶持）まで記されています。実際に調査をした中でも、分限帳を見たことによって先祖が越後国の某藩で足軽の武士であったことが分かり、米十数俵という薄給であったにもかかわらず幕末の戊辰戦争では奥羽越列藩《おううえつれつぱん》同盟軍として最前線に送られて、最新兵器を擁する官軍の砲弾を浴びてあっけなく命を散らしてしまった記録に出会いました。

多くの先祖探しに関わっている私は、誰にも連綿と続く先祖の存在があり、その末に今ここにその人が生きているのだということを強く実感しています。調べてみたら先祖がいなかった、などという人はいないのです。

ただし、そうした昔の記録や記憶は徐々に失われつつあります。戸籍も古いものはやがて廃棄されていく決まりになっています。古い本籍地を訪ねても、昔のことを知る古老が時と共にどんどん少なくなっています。地方の過疎化で、古くからその地域で暮らし続けていた総本家や旧家が別の地に移住してしまっているケースも多くなっています。

日本は今、大きな国難と立ち向かっています。

また、複雑化した世の中で各個人としても深い悩み、迷いを抱えていることと思います。しかし、先祖の苦しみや生き方を知った時、おのずと自らの生き方の指針が見えてくるはずです。千年以上の長きにわたり続いてきた系譜の中では自分の一生などほんの一コマ、ワンシーンにすぎません。それだからこそ、祖先が生きた「文脈」を知り、そのうえで自分の生き方を考え、次世代に伝えていくことに大きな意味があるのではないでしょうか。

貴重な先祖の記録が失われつつある今、日本人の多くが生き方に迷いが生じている今こそ先祖を知るための行動を起こしてみませんか？

これまでは一部の専門家の中だけで伝えられてきた先祖探しの手法を、本書では惜しみなく公開していきます。具体的な古文書の読み解き方はもとより、名字や家紋などから自家の千年前の歴史を推測する方法などにも触れていますので、まずは楽しみながら読み進めていただければと思います。

ちょっとしたコツを知るだけで「過去」への扉は意外と簡単に開くものです。私と一緒にその扉を押してみましょう。

先祖を千年、遡る／目次

図版作成　ホリウチミホ

第一章 自分のルーツは意外と分かる

千年遡ると日本人のルーツは天皇家・藤原氏が大半を占める

「先祖探し」という珍しい生業《なりわい》を持つ私は、依頼人のルーツを追って日本全国を旅することが多く、この稿を起こしている今も東海道新幹線で東京駅に向かっています。現地調査を一通り終えて家路についているところなのです。

今回は、中国地方の旧村（といっても現在では市域に編入されている）に赴き、同地でお寺に伝わる古文書や、依頼人の総本家にあたる家の江戸期の墓石、位牌などを見せていただき約400年前のご先祖名まで明らかにすることができました。

また、その地域の高齢の方にお話をうかがったところ、「この辺りの〇〇姓（依頼人の名字）は近江源氏《おうみげんじ》だよ」と、はっきり答えてくださいました。地方ではこのように出自に関わる言い伝えが残っている場合も多くあります。

「近江源氏」というのは、宇多天皇《うだ》（第59代帝　867〜931年）の末裔の中で皇室を離れ近江地方で活躍した一族のことを指します。

平安期の皇室は一族が増えすぎ、財政難に陥っていました。

その結果、臣籍降下《しんせきこうか》（皇室を離れ民間に下る）をして自立することを求められるケースが急増したのです。しかし、皇室を離れる際に、ただ放り出す訳にもいきません。そこで天皇は「朕と汝は源を同一にする」という意味合いから『源《みなもと》』という姓を贈りました。

これがつまり「源氏《げんじ》」の誕生です。「源」という姓を持つその一族のことを「源氏」と呼びます。

そうして臣籍降下をした一族は、始祖となる天皇の名を取り、宇多天皇の末裔であれば「宇多源氏」。清和《せいわ》天皇（第56代帝　８５０〜８８０年）の末裔であれば「清和源氏」などと呼ばれるようになります。

さらに、同じ源氏の一族の中でも、その末裔たちは各地に土着してそれぞれが活躍を始めますので、土着した地域ごとに「近江源氏」あるいは「甲斐源氏」などとも呼ばれるようになっていきます。

つまり、今回の調査では依頼人のルーツは千年以上遡ると近江源氏であり、さらには宇多天皇にまでつながっていくことが見えてきました。

実は、こうしたことを依頼人の方に報告すると、

「えっ、祖先は天皇家ですか!?　いやいや滅相もない！」

と、驚かれ、にわかには信じられませんという方が多くいらっしゃいます。

確かに私もこうしたことに興味を持つまでは、自分のルーツが天皇家につながるなどといわれたら「ご冗談を」と、思ってしまったでしょう。

しかし、実際に個々の家系調査をしていきますと「ウチは清和源氏です」「桓武《かんむ》天皇につながる平氏《へいし》です」という言葉に頻繁に出会います。

平氏も源氏と同じく天皇から「平《たいら》」の姓を賜って皇室を離れた天皇の末裔一族です。桓武天皇（第50代帝　７３７〜８０６年）の末裔である「桓武平氏」が最も有名です。

また、日本の家のルーツで非常に多いのが、天皇家ではないのですが「藤原氏」です。藤原氏といえば日本史の教科書で誰もが名前を知っている藤原鎌足《ふじわらのかまたり》（６１４〜６６９年）を祖とした平安期の最強にして最大の氏族であり、まさに「藤」のように天皇家にからみつき姻戚関係を結び続け、平安期には権力をほしいままにした一族です。

藤原道長《みちなが》（９６６〜１０２７年）の詠んだ次の歌はあまりに有名でしょう。

「この世をば　我が世とぞ思ふ　望月の　欠けたることもなしと思へば」

この世は自分のものであり、だから満月が欠けることもないという意味です。藤原の天下であることを確信し、ノリノリという感じです。

それだけ力を持った藤原氏族ですから、末裔も日本全国で活躍し、その子孫も今に伝わります。正確な数字は出しようもないのですが、日本の現在の家の半分くらいは藤原氏の末裔にあたるのではないかという推測もあるほどです。

つまり、これを読まれている貴方もまさに藤原鎌足、そして京の都で怖いものなしという態度だった道長の末裔である可能性がかなり高いということになります。

藤原氏の末裔でいちばん多い名字は「佐藤」

ただ、藤原氏の末裔は現在の名字も「藤原」であるとは限りません。実はほとんどは藤原ではなく別の名字に変わっています。

それでも、藤原氏の末裔の名字だけは非常に見分けやすくなっています。

それは、「藤」の文字と別の一文字を組み合わせた二文字の名字に変換されているからです。

いちばん多いところでは「佐藤」です。

「工藤」「伊藤」なども同様です。

たとえば、佐藤という名字は藤原氏の末裔の中で「左衛門尉《さえもんのじょう》」という役職に就いた人が「左衛門尉の藤原氏」という意味合いで短縮させた「左藤」が「佐藤」に転化してできた名字だといわれています。しかし、実は異説もあり「下野国《しもつけのくに》佐野荘を領した藤原氏」を短縮させた佐藤である説。「佐渡守の藤原氏」を短縮させた佐藤である説などもあります。

いずれにしても、短縮させて新たな名字となった訳で、芸能人の名前を短縮させた愛称で呼ぶ（木村拓哉さんをキムタクなど）のと似ていて、日本人は千年前から感覚が同じなのだなと面白く思えます。

ちなみに「伊藤」は伊勢守という役職の藤原氏をやはり短縮させてできた名字です。

このような理由から、「藤」が付く名字の方はルーツが藤原氏である可能性がかなり高いといえます。

また、先の「源」「平」（いわゆる源平です）という天皇から賜った姓も現在そのまま名字になっている訳ではありません。

こちらは「源」「平」という文字が跡形もなくなっているので分かりづらいとは思いますが、次項で「源」「平」から生まれた主な名字を挙げてみますので、ご自身が適合するかどうか確認をしてみてください。

このように、普段は自身のルーツと関わっているとは想像もしない天皇家や、教科書でしか知らない藤原鎌足が自分の祖先にあたるというのは実はかなり「普通」のことであり、それほど驚くようなことでもないのです。

年間で50件以上の家系調査を続けてきた私の実感として、日本の家を千年以上遡ると大半は「藤原」「源」「平」に行き着くように思えます。自家のルーツを調査する場合、千年前（平安期）にどのような姓を名乗っていたのかというところまで判明させるのが一つの目標点といえるでしょう。

とりあえずここでは、今皆さまが名乗られている名字も平安期まで遡ると全く異なる「姓」であったとだけ覚えていただければよいと思います。

さて、こんなことを書いているうちに私が乗る新幹線は東京駅に近付いたようです。続きは、オフィスに戻ってからじっくり書いていきましょう。

天皇家から出た名字、藤原氏から出た名字

日本人の家のルーツを千年以上遡ると藤原氏や天皇家から出た源・平につながる家が圧倒的に多いと考えられるのは先に述べた通りです。

もちろん、その他にも古代からの姓はあるのですが、ここでは多数を占める藤原・源・平から変遷して生まれた主な名字を眺めてみたいと思います。

・藤原姓から生まれた主な名字（祖先は藤原鎌足）

佐藤　高橋　田中　伊藤　山本　中村　加藤　吉田　松本　木村　林　清水　池田　橋本
山下　中島　前田　小川　藤田　後藤　長谷川　石井　近藤　坂本　遠藤　青木　藤井
西村　福田　太田　藤原　岡本　松田　中川　中野

・源姓から生まれた主な名字（祖先は天皇家）

鈴木　高橋　田中　渡辺　山本　中村　吉田　山田　佐々木　山口　松本　斉藤　井上
木村　林　清水　山崎　池田　橋本　山下　森　石川　中島　小川　藤田　岡田　村上
坂本　青木　藤井　西村　福田　太田　岡本　松田　中川　中野

・平姓から生まれた主な名字（祖先は天皇家）

田中　中村　小林　吉田　山田　山口　松本　林　清水　橋本　森　前田　藤田　岡田
石井　遠藤　福田　三浦　岡本　中川

・藤原／源／平以外の出自を持つ主な名字

鈴木……源氏から出た鈴木氏よりも、熊野権現新宮で代々神職を務めた社家の鈴木氏の方が著名。古伝によると熊野権現が龍に乗って降臨した際に出迎えた三兄弟のうち稲を献上した三男が穂積（ほづみ）姓を賜った。穂積とは稲穂のことであり、熊野地方ではススキと呼んだことから鈴木氏を名乗ることになっていったといわれる。熊野信仰の広がりにより、この鈴木氏が全国に広がっていった。

高橋……神と人を結ぶ高い柱のことを「高橋」ともいい、神社・神官との縁も深い名字。藤原氏でも源氏でもない物部氏の中で高橋神社がある高橋邑を本拠とした一族が高橋氏を名乗るようになった。

田中……藤原氏・源氏・平氏の発祥よりも古い古墳時代・飛鳥時代から活躍していた蘇我氏からも田中氏を名乗る流れが古事記で確認できる。

山田……漢帝国からの渡来民にも山田氏を称した一族がある。

前田……加賀百万石の藩主・前田家の祖先は菅原道真で有名な菅原氏であるという説もある。

名字のルーツは土地にある

実は現在、日本の名字は30万種類もあるといわれています。これは世界に類を見ない豊富さです。

先に挙げた名字はその中のほんの一部です。

しかし、日本でより多く使われている名字を中心に挙げましたので、読者の方でも自分の名字があったという方も多いでしょう。

ところで、よく見ていくと「あれ、『高橋』は藤原姓から生まれた名字に入っているけれど源姓から生まれた名字にも入っている。さらに、物部氏から生まれた高橋もあると書かれている……。いったいどれが高橋の本当の出自なの？」と、疑問を持たれるかもしれません。

その他にも「藤原」「源」「平」の全てに関わる名字が多くあることに気付くと思われますが、これは誤植ではありません。

ここが日本の名字の複雑なところなのですが、大本の出自は異なっていても、その後、中世の頃にたまたま同じ地名のところに居住していたがために結果、同じ名字になってしまっている、ということが多々あるのです。

先の「高橋」を例にして見てみましょう。

大本の出自が宇多源氏（宇多天皇の末裔で皇室を出て民間に下り、宇多天皇から源の姓を賜った一族）の末裔の中で源頼方・秀宗兄弟が中世の頃に三河国《みかわのくに》加茂郡高橋（現・愛知県豊田市高橋町）という地を領したために「高橋」を名字として名乗るようになりました。

ですから、この系統の高橋さんはルーツを遡れば源姓であり宇多天皇に行き着きます。

一方、藤原鎌足の末裔で藤原維頼は遠江国城《とおとうみのくにき》飼郡《こうぐん》高橋郷（現・静岡県菊川市高橋）という地を領したために、やはり「高橋」を名字として名乗るようになりました。この系統の高橋さんは同じ名字ではありますが、ルーツは源姓や宇多天皇ではなく藤原氏、藤原鎌足に行き着きます。

つまり現在、同じ「高橋」を名乗っているとしても、それはたまたま別の土地に別々に存在していた「高橋」という名の土地にそれぞれの祖先が本拠地を置いたという偶然にすぎず、出自は何ら関係がないのです。

先に挙げたのは代表的な古代の姓である「藤原」「源」「平」だけですが、この他にも「橘《たちばな》」「菅原《すがわら》」など古代の姓は存在しています。橘姓からも高橋の名字は生まれています。

実にややこしいですね。

しかし、こうして「自分の名字は三浦なので、千年前のルーツは『平氏』かな」などと想像するだけでも日本史が少し身近に感じられてきますし、モヤモヤっとでも遠い祖先に想いを馳せることができるようになります。テレビや小説で源平合戦の場面に出くわしたら、自然と平氏軍に感情移入してしまいそうです。

そのようにモヤモヤっとでも祖先を感じることが、千年という膨大な「時間旅行」の出発点になるのです。

自家が現在まで存続しているのはすでに名家の証

ところで、皆さまの中には「ウチは江戸時代中は〇〇藩の武士だった」ということが言い伝えとして明確に伝わっていたり、家系図が残されていたりする方もいらっしゃると思います。

現代は封建時代ではないのですから、その出自や昔の身分を以て優劣がある訳ではありません。とはいえ、江戸時代中の武士身分というのは全体の中で10%未満ですから、それは自然に誇らしい気持ちにもなります。身分制度も「歴史的事実」として誇りに思ったり、楽しんだりすることは問題ないでしょう。

一方、江戸時代中に自家が武士でないと「ウチはしがない農民だし。名家ではないから……」という言葉もよく耳にします。どうも、江戸時代中の身分を基準として「武士だから凄い」「農民だから大したことない」という発想になりがちのようです。

しかし、千年という雄大な時間を単位として考えた場合には、江戸時代中の身分を以て名家か否かを断定するのは非常に早計というべきかもしれません。

まず、単純に考えて21世紀の今日、自分が存在している、つまり、自分の家が存在しているということ自体が非常に奇跡的な出来事なのです。

日本で最初の本格的な戸籍と見られる「庚午年籍《こうごねんじゃく》」が作成されたのが天智《てんち》天皇（第38代帝　在位668〜671年）の時代で、この戸籍により人民の姓氏も確定されていったものと考えると、本格的に姓氏の制度ができてからすでに1300年以上の時を経ていることになります。

その間、日本史にはどれだけの戦乱や飢饉が起きたことでしょう。

人権の意識が確立され、社会保障制度も充実し経済大国となった現代の日本に生きている私たちは「生存できる」ことに対してそれほど深く考えることもありません。まあ、人生に多少の紆余曲折はあっても寿命まで生き続けられることにそれほどの疑問も持ちませんし、それがどれほど有り難いことかを実感する機会も少ないでしょう。

しかし、平安・鎌倉時代の庶民にはそもそも「人権」というものは全く存在していません。国民の10％が飢えて死のうとも時の社会は全く反応しません。わずか150年ほど前にしかすぎない江戸時代でさえ、飢饉の時にも農民に厳しい年貢を課し、実際に天保時代などには多くの庶民が餓死しています。先祖調査の中で全国のお寺の過去帳を見せていただく機会も多いのですが、やはり天保年間には檀家の死亡記録がいちだんと多くなっています。特に「○○童子」「○○嬰児」といった戒名が多く並び、体力のない子供たちがまずは犠牲になっていったことが感じられます。

現在がどれほど厳しい時代だといわれても、平安・鎌倉・室町・江戸時代とは比較しようもありません。今のように生活が苦しくなったからといって生活保護が支給されることも、失業したからといって失業保険が出ることもありません。昔であれば、そうした事態に陥った家はもはや存続が困難になるだけです。

弱い者は淘汰されていくのが、当たり前だったのです。

おそらく、平安時代に下層庶民だった場合、その家がその後の残酷な千年を無事に生き残ることは至難の技だったでしょう。

江戸時代中にいわゆる「下層」であったとしても、そこに至る千年を生き残ってきたのですから、実は平安時代まで遡れば藤原・源・平などの由緒ある末裔であり、戦乱・飢饉により下層民が淘汰されていく中で、それら由緒ある家柄の中での下層（分家の分家など）がその淘汰されて欠けてしまった地位に新たに割り当てられていったと考える方が自然といえます。

つまり、平安期の由緒ある出自を持つ氏族も時代を経るごとにその末裔の数は膨大になる訳ですから、下層が欠けていく中では、その由緒ある氏族の中で新たな格差ができていき社会を形成していったと考えられます。

今この本を手に取っている皆さまの名字である○○家は、名字の変遷はあるにしても確実に千年前もどこかに存在していた訳です。それは、やはり相応の出自を持つ末裔だからこそと考えてよいでしょう。

ですから、江戸時代という最近（?）の身分制度の枠組みだけで考えるのでは先祖探しの醍醐味を自ら半減させてしまうようなものです。もっと大きく雄大な目で、自らのルーツに想いを馳せていただければと思います。それがための「千年」なのです。

江戸時代の身分だけでは名家か否か判断できない

余談ですが、江戸時代中に武士だった方が立派な家柄だと思われる傾向がありますが、その実情は意外と違っていたりします。武士の中でもいわゆる上級武士（百石取り以上）はほんの一握りであり、あとは薄給で暮らす下級武士が大半を占めます。

武士の家系については後述しますが、各藩の「分限帳」という現在の給与明細のようなものがかなり現存していて先祖の年収も知ることができます。足軽クラスですと年収が米十八俵程度であることも普通で、現在でいえば年収１００～２００万円程度の非正規雇用に近いイメージです。こうした武士の家を調査してみますと、武士だけでは食べていけないので御用勤めの他に川魚を取る漁師を兼ねていたりすることもありました。

それでいながら、幕末の戊辰戦争などではいの一番に戦場の最前線に送られて、あっさり新政府軍の砲弾の前に戦死した記録が出てきたりもします。

それに引き換え、身分制度の中では下に置かれている農民でも富裕層は多く、そうした農民は藩への献金の見返りとして苗字・帯刀《たいとう》も許され立派な上下《かみしも》を着て暮らしていました。ある富裕な農民だった家には吉原を貸し切りにして豪遊した記録なども残っています。

武士が自分の知行地（領地）としている村の農民から借金をして暮らしていたという笑

えない記録も残っています。

「武士は食わねど高楊枝」という言葉がありますが、これは全くオーバーな表現ではなかったようです。

そうした富裕な農民層の多くは、江戸時代の前、つまり中世から戦国期までたどると由緒ある武家だったというケースが多くあります。

戦国時代に自家が仕える主君が合戦で負けて衰亡した場合には、別の大名に再仕官するのもなかなか難しく、それを機に帰農して江戸時代中を農民として過ごすのですが、そうした家は村の中で良い地位を占め富裕層として暮らすことになるのです。

これもまた江戸時代中の身分だけでは名家か否かを判断できないという所以です。

「名字＋家紋」で推測できる出自

「名字」と似て非なるものに「家紋」があります。

家紋とは読んで字のごとく家を表す紋であり、名字を記号化したものであるという言い方もされます。それであれば、ある家の末裔はみな同じ紋を使い続けるはず……なのですが、そう一筋縄ではいきません。

「丸に剣方喰」
（まるにけんかたばみ）

「方喰」は植物紋であり、農民に広く愛された紋であると考えられるが、意外と武士が使用している例が見られる。古くは新田氏、長曾我部氏、そして、徳川家臣（旗本）にも非常に多い。特に意匠に剣を入れている場合は、武士である（あった）ことを意味しているとも考えられる。

　昔、先祖調査の仕事を始めたばかりの頃、千葉県にお住まいの方から「江戸時代中の先祖まで遡って調べてほしい」とのご依頼をいただき、調査を開始しました。その方の家の紋は**「丸《まる》に剣方喰《けんかたばみ》」**であるといいます。

　依頼人の家には「会津藩士だった」という言い伝えもあるとのことでしたので、はじめは会津藩士の記録や明治維新後に会津から青森県に渡った斗《と》南《なみ》藩士の記録まで調べていきましたが、どうも先祖らしき人が見当たりません。

　そこで、武士以外の可能性も考えて調査をすすめていきましたところ、結果的には江戸時代中から新潟県に居住していた豪農家の分家であることが判明しました。調査で探しあてた新潟の総本家は広大な土地を所有していて現在でも豪農の雰囲気を残していました（余談ですが、明治時代までは自分の土地だけ通って隣の郡まで行けたのだとか……）。

総本家にうかがい、まずは先祖代々のお墓を見せていただいたのですが、墓石に刻まれていた家紋は剣方喰ではなく**「丸《まる》に木瓜《もっこう》」**だったのです。

憚りの文化が家紋を変更させる

実は、分家した際に家紋の外郭を変えることは多々あります。総本家は「剣方喰」であるが、分家は外郭に丸を付けて「丸に剣方喰」にするというように。

しかし、この案件では外郭だけではなく「方喰」と「木瓜」という全く異なる意匠になっていたのです。

最初は何かの間違いかとも思いましたが、最近ではこうした事例を何件も見てきましたので慣れっこです。私の印象ですと江戸〜明治時代にかけて分家した際にこうして全く意匠の異なる家紋を使用するケースが多く見られる気がします。

ある時、別の案件で面白い古文書に出会いました。

その案件では、依頼された家も、調査の末に探しあてた総本家も、家紋は同じ**「五三《ごさん》の**

「丸に木瓜」
（まるにもっこう）

木瓜紋を使用している代表的な家としては、織田信長の織田家や越前・朝倉家などが挙げられる。また古代からの氏族である日下部氏、伴氏、紀氏の代表紋としても有名。

桐《きり》」でしたから、それは普通のことです。しかし、江戸時代後期に作成された総本家に残る古文書の中に「分本の契約をなし、苗字定紋を譲る」という内容の文字が書き込まれていました。

　つまり、分家をする際に本家と契約を交わし（その契約書は残念ながら現存していませんでした）、同じ苗字・家紋を使用することが許可されたということです。

　これを逆に捉えれば、分家の際に必ずしも名字・家紋がそのまま同じものを使える訳ではなかったということになります（実際、これまでの調査の中で分家に際して名字が変わったケースもいくつか見てきました）。

　ですから、家紋が全く変わってしまうとい

うのは、それほど特殊な話ではないのです。

江戸時代のような封建社会では「憚《はばか》る」という文化が当たり前のように根付いています。一村人が庄屋の家を訪ねる時は土間でひざまずきます。同じような高さに位置するのを憚る訳です。

同様に本家・分家の関係も現在の都心では想像できないような身分差が自然に存在していました。実際、分家をする際には本家は田畑を与えて独立させるのですから、まあ分家としては頭も上がらなくなります。そうなると、「本家と同じ紋を使うのは憚られる」という意識が芽生えるのも当然です。そこで、通常は前述の通り外郭を変える（丸を付ける、四角を付ける等）という程度のことを行うのですが、中には憚りすぎて意匠を丸ごと変えてしまう家も出てきた訳です。先の「木瓜」から「方喰」への変更などは本家が超豪農の名家ゆえ憚り度が大きくなってのことでしょうか。

家紋は絶対視できないが大きなヒントが隠れている

このように、同族でありながら分家の際に家紋が変わってしまうケースが実際にありますので、先祖探しにおいては絶対視できないのが家紋であると心得ておく必要があります。

では、家紋のことは先祖を想定する上で無視した方がよいのかといえば、そうともいい切れないのです。絶対ではないが大いに参考になる、とでも表現すればよいでしょうか。

近畿地方の調査案件で、その地域のある名字の家々は果たして皆、同族なのか？というごとが先祖を特定していく上で問題となりました。その結果によっては、その地方の戦国武将とのつながりが見えてくるはずでした。そこで、その地域のその名字の方々宛てに事前に手紙を出して尋ねたのですが、どなたからも昔のことはよく分からないとの返信しかありませんでした。

そこで、実際にその地域を訪れた際に共同墓地に赴き、十数軒存在するその名字の墓石を全て確認していきました。

結果としては、その名字の墓石12基中、実に11基に「三《み》つ柏《がしわ》」の紋が彫られていました。さすがに、これだけの割合で同姓が同紋を使用していることには意味があると考えられます。

つまり、その地域のその名字の家は皆同族である可能性が極めて高いという結論に至りました。

先祖探しの上で「家紋は参考になるか？」ということの結論としては、分家をした際に

「三つ柏」
(みつがしわ)

東北の大豪族にして戦国武将である葛西氏の代表紋。葛西氏はその名が示す通り、元は下総国葛西郡を本拠としていた。源頼朝に従い戦功を立て東北に所領を得るようになったが、葛西清重がその祝杯をあげている時に空から三葉柏が落ちてきて偶然に彼の杯の中に入ったという。その真偽のほどは不明だが葛西氏は以来、この「三つ柏」を家紋にした。葛西氏は戦国末期に滅ぼされるものの、家臣の中には功あって主君からこの紋を譲られたというエピソードを持つ家もある。

家紋を異なるものに変えてしまうことが稀にあるので、紋が異なるからといって「同族ではない」「先祖ではない」と断定はできません。

しかしながら、同一地域や同姓で同じ家紋を使用していたなら、それは「同族である可能性が高い」ということがいえます。

「家紋は絶対視はできないが、参考にはなる」というのは、こういうことです。

名字と家紋を考え合わせるだけでも、その出自が少し見えてきたりして自家の歴史に想いを馳せることができます。名字と家紋については第二章で詳しく見ていきましょう。

日本の戸籍は完璧なリンクシステムでできている

名字や家紋だけでも、そこには実は千年の歴史をひもとく「匂い」が漂っているということを感じていただけましたでしょうか？

結婚時や相続時など何かと目にする機会の多い戸籍には、さらに強力なヒントが隠されています。

私は業務の中で日常的に戸籍を読み込むことが多いのですが、そのたびに日本の戸籍システムは優れものだなあと感心せずにはいられません。

何が凄いかといえば、明治時代前半から途切れることなく連綿と続くそのリンクシステムです。

養子に入ったり出たり、結婚したり離婚したり、引っ越しで転籍したり、はたまた法律の改正で戸籍の様式が変えられたり……色々な事情で一人の人間が特定の戸籍から別の戸籍に移動していきます。

しかし、どれほど結婚・離婚・養子縁組を繰り返そうとも、日本各地を転々と引っ越して転籍したとしても、丹念にたどれば全ての人の出生から死亡までの記録を漏れなく取得することができますし、その親子兄弟関係も全て明白に読み解くことができます。つまり、親子関係をきちんと読み取っていけば、確実に自身の先祖をたどっていけるということです。

それもこれも、完璧なリンクシステムのおかげといえます。

戸籍というのはどの役所でも必ず「筆頭者（戸主）＋本籍地」でインデックスされています。ですから、戸籍を請求する時には必ず「筆頭者」「本籍地」を明確にしなければ発行してもらうことはできません。

そして、戸籍内の各人物には「従前にはどの戸籍に入っていたか」ということが必ず記載されているのです。

昔の戸籍であれば、

「昭和24年10月10日　山田太郎と婚姻届出　山梨県××郡××村大字北野72番地　前田五郎戸籍より入籍」

最近の戸籍であれば、

「【従前戸籍】 山梨県××郡××村大字北野72番地　前田五郎」

という形で、必ず従前戸籍の筆頭者と本籍地が記載されています。

ですから、その従前戸籍の「筆頭者」「本籍地」を使って当該役所に申請していけば、どんどん古い戸籍を入手していくことができるのです。

もちろん、出生の際には従前の戸籍というものは存在しませんが、基本的には「父」「母」の戸籍に入る形になっていますので、自分の出生前の先祖もどんどん遡っていけることになります。

戸籍の本来の目的は「徴税」と「徴兵」だった

明治時代に戸籍が作成され始めた時の本来の目的は「徴税」と「徴兵」です。

徳川幕府を倒した新政府は、まず財源を確保しなければならず、そのためには何を置いても国民一人一人の存在を把握して徴税を厳密に行う必要がありました。また、それまでは兵役は武士だけに課せられた役目でしたが、近代国家になるためには廃藩を断行し武士社会を解体して国民皆兵制度を実現する必要もありました。そのためにもやはり、国民一人一人を把握することは必須でした。つまり、戸籍作成は非常に重要な国策だったといえます。

その後、日本は見事に近代化を成し遂げたために戸籍作成の目的も変化していき、現在では親子・親族関係を明確にするために重要なものとなっています。ただ、いずれにしろ、この明治初期から140年以上にわたり連綿と親子関係が明確になる戸籍は先祖探しには欠かせない必須アイテムとなっています。

名字や家紋によって遠い祖先の「匂い」が感じられる、ということとは異なり、戸籍は公文書として明快に自身の家のルーツを教えてくれるものです。

ちなみに、現在取得できる最も古い戸籍は「明治19年式」と呼ばれるものです。

ただし、地域によっては戦災や災害で戸籍が焼失していたり、役所によっては古いものを廃棄している場合があります。その場合は残念ですが、とりあえず取れるところまでだけでも取っておくしかないのですが、かなりの確率でまだ明治19年式のものまで取得可能です。

明治19年式の戸籍には、当然に幕末を生きた人も多く記載されています。そして、戸籍内に記載されている人の父親名まで書かれていますから文化文政期（1804～1829

年）の頃に生きていた先祖名まで分かることも珍しくありません。

文化文政期は、まだペリーも来ておらず幕府の力も依然として強かった、本当に時代劇で見るあの「江戸時代」です。そんな時代の先祖名まで明らかになるのですから戸籍は本当に先祖探しにとっては有り難いものです。

ちなみに、私の丸山家で取得できた最も古い戸籍は左ページの写真のもので明治31年式のものです。

このように明治31年式のものでも戸主・丸山橘藏は嘉永2年（1849年）生まれで、その父親の名前（十次郎）まで分かります。橘藏の生年から察するに十次郎の生年は西暦1824年（文政7年）頃と思われます。

十次郎は幕末には丸山家当主を務めていたはずです。

丸山家は現在の新潟県長岡市域にありましたから、幕末の戊辰戦争における長岡城の攻防を遠くから野次馬として見物していたかもしれません。燃え落ちる長岡城を見て十次郎はどんな時代が到来すると考えていたのでしょうか？

何だか戸籍という書面一つで、見たこともない十次郎さんに少し近付けたような気がしてくるから不思議です。

江戸時代を生きた先祖名が出てくる

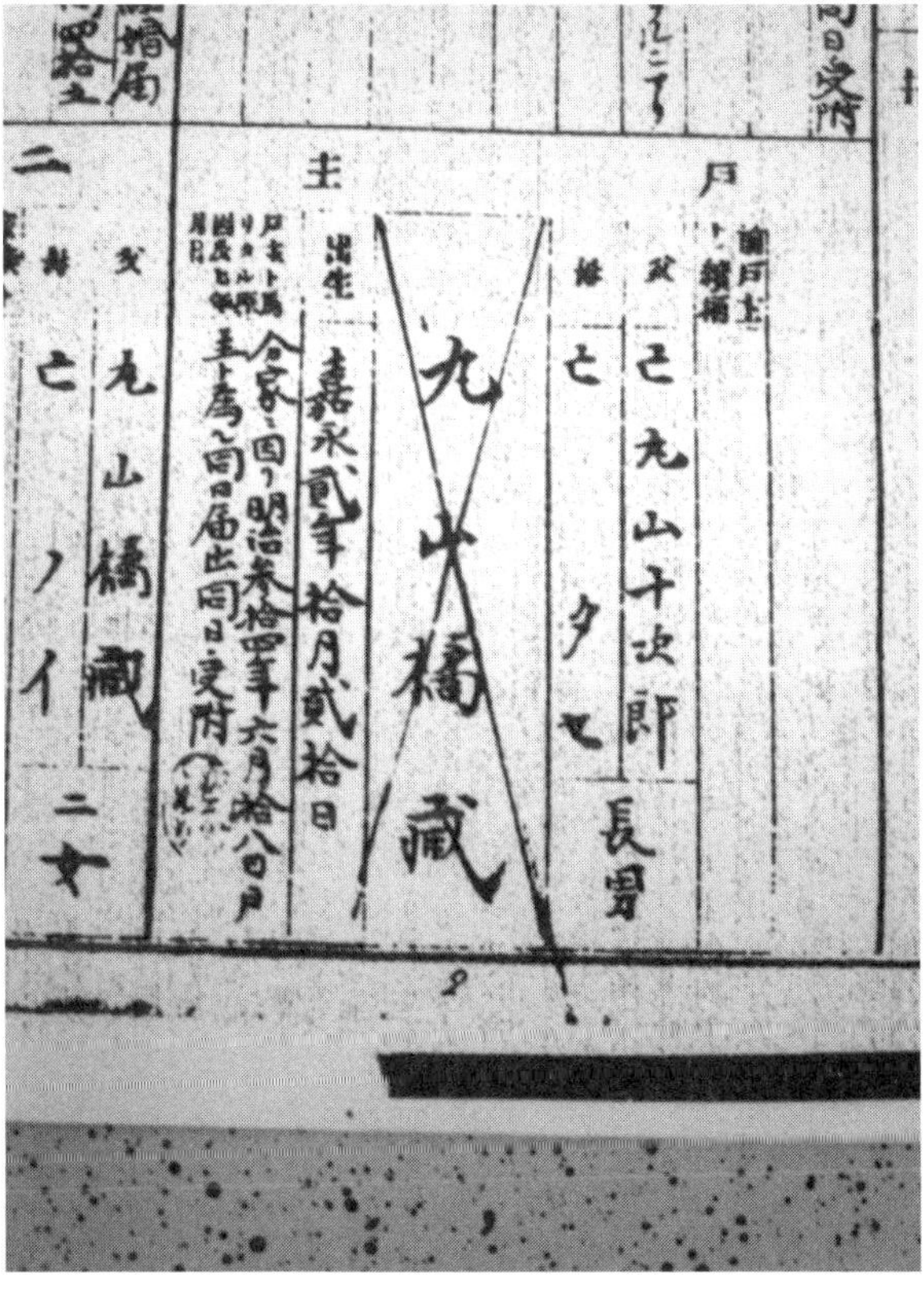
前戸主トノ續柄
父 亡丸山千次郎 長男
母 亡タヱ
戸主
丸山橋蔵
出生 嘉永貳年拾月貳拾日
戸主ト為リタル原因及ヒ年月日 分家ニ因リ明治参拾四年六月拾八日戸主ト為ル同日届出同日受附
父 亡丸山橋蔵 二女
母 亡ノイ
[redacted]

全国どこの役所の分でも戸籍は郵送で取得することができます。

戸籍は除籍（戸籍内の全員が死亡・婚姻等で抜けていなくなった状態）になってから150年を経過すると廃棄してもよい法律になっています（少し前までは80年の規定でした）。時代の経過と共にご先祖の貴重な史料が無くなっていく訳ですから今のうちに取れるものは全て入手しておきたいところです。

お墓は雄弁に語る

もう一つ、身近に存在していて先祖を感じることができるものとして「お墓」があります。

家系図作成・先祖探しにおいて、お墓は情報の宝庫といえます。

昨今では、自家のお墓は霊園にあり、それも比較的新しいものだけ、という家も増えていると思います。正直、そういうお墓にはそれほどの情報があることは望めません。

しかし、地方の古いお墓には、墓石に刻まれた文字情報はもとより、墓石の位置関係などまで含めて先祖の暮らしぶりを感じられる「歴史」がギュッと詰め込まれています。

本章の冒頭部分は、中国地方での現地調査の帰りの新幹線の中で書き始めましたが、その際の調査でも依頼人の総本家にあたる家の古い墓（江戸期のものが20基近く）を見せていただくことにより江戸期の先祖名が判明し、かつ豪農としての暮らしぶりを感じることができました。

まず、江戸期の墓石が大量に存在しているという事実からだけでも、村内で名士的な位置を占めていたことがうかがえます。そもそも墓石建立が庶民の間で一般的になったのは江戸時代も後期になってからです。現在は「先祖代々の墓」として1基の墓石のもとに家族全員が入るのが一般的ですが、江戸期は一人1基。あるいは夫婦で1基の墓石を建立するのが通常です。その中で後世までしっかり残るようなものは、代々の当主のものだけです。つまり、江戸期の墓石が大量に存在しているという時点で江戸の前〜中期からの墓石もあると推測できるのです。江戸後期の当主墓だけなら、それほどの数にはなりようがありませんので。

実際にその後に墓石に彫られた年号を調べてみるとその通りでした。当時の石材は貴重品ですから、江戸の前〜中期にお墓を建てていること自体、経済力があった証でもあります。

墓石を一つ一つ見て驚いたのが、文化年間（１８０４〜１８１７年）など２００年ほど前の戒名・没年月日も肉眼ではっきり読み取れることでした。これは、しっかりした石に相当深く文字を刻んでいる証拠です。こうしたことからもやはり当時の財力がうかがえます。

また、墓は山の斜面のようなところに存在していたのですが、総本家の墓地はいちばん高いところに位置し、それを取り囲むように低い位置に同姓の分家墓が存在していました。この時はすでにこちらの家が総本家であることが分かった上での調査でしたが、たとえ、そうした予備知識がない場合でも墓石の位置関係から本家・分家関係を推測することも可能です。

この案件のように200年以上前の墓石でもきれいに文字が読めることは稀で、実際には何か書かれているようだが肉眼では読めないという墓石に出くわすことが多くあります。ところが、面白いもので読めないと思っていたものでも時間を変えて見に行くと読めたり（光が当たる角度が変わるのですね）、水に濡らすと文字がきれいに浮かび上がったりすることがあります。

それでも読めないという場合には「拓本」という手があります。

これは石碑に書かれている文字を墨で写し取る手法ですが、魚拓のように墓石にべったりと墨を塗る訳ではありません。墓石を汚さずに肉眼では読み取れないような文字を画仙紙に写し取ることができる手法です。

時折、文字が刻まれているのかどうかさえ分からないような酷く摩耗した古い墓石に出会います。しかし、大体は戒名と没年月日が刻まれているはずです。

そのような場合は、まず墓石の側面などをゆっくりと撫でてみます。

先日も、膝くらいまでの高さしかない古い墓石をそうして触ってみると微妙に凹凸があるような気がしました。半信半疑ながら念のため画仙紙を当て水を吹きかけ、墨をパタパタと塗ってみました。

そうしたところ見事に、

「延享《えんきょう》二《に》乙丑《いっちゅう》年《のとし》　三月六日」（１７４５年）

という文字が浮かび上がってきたのです。

この記録を元に菩提寺で過去帳と照合していただき、その墓石に眠る先祖の俗名まで判明しました。約２６７年前のご先祖様が蘇った瞬間でした。

このように、自身の先祖のことを知りたければ、古いお墓に行くことです。

情報の宝庫でもありますし、やはり自家を支えてきてくれたご先祖様たちに囲まれてみ

拓本で浮かび上がった「延享」の文字

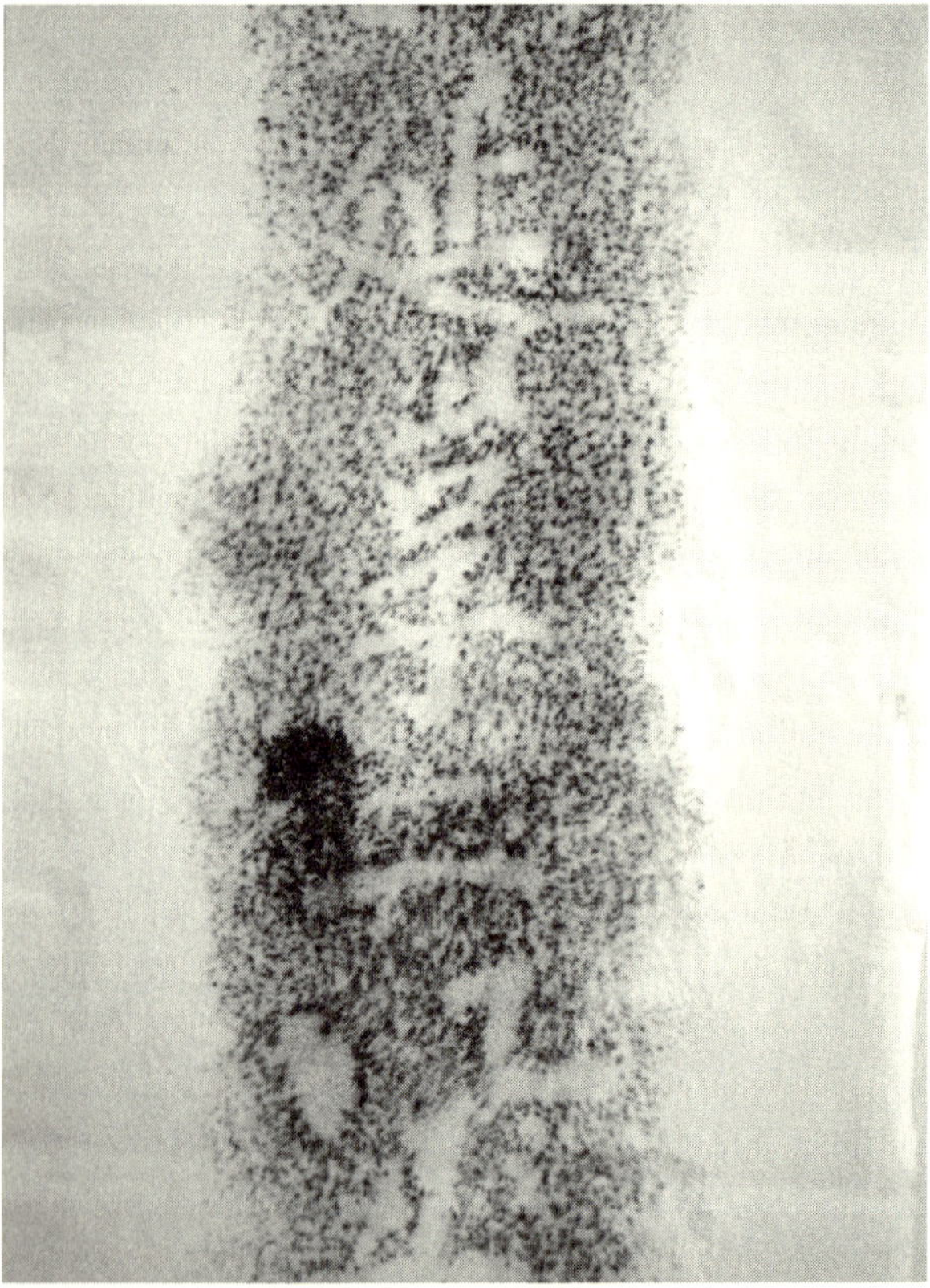

ると特別な感慨が込み上げてきます。現代を生きる私たちも日々様々な悩みにさらされていますが、墓石の年号を見ていると「この頃は大飢饉だったはずだよな」とか「西南戦争が起きた年だな」「第2次世界大戦の最中で亡くなったのか」などと、こちらよりよほど大変な時代を生きたご先祖様に叱咤激励されること請け合いです。

ところで、私は霊感のほとんど無い人間なのですが、先日、ある案件で朝から夕方までひたすら墓石を調査し、拓本をいくつも取ったあとに夜ホテルで寝ていると突然、目が覚め、今まで感じたことがないほどの激しい耳鳴りに襲われました。

そういえばその日は密集している墓石の中で拓本を取り続けたため、あっちの墓石に尻をぶつけ、こっちの墓石の上に拓本道具をちょっと置かせてもらい……という状態でした。最後に丁重に全ての墓石に手を合わせてきたのですが、ちょっと怒られてしまったのかもしれません……。

墓地を調査する場合には、そこに眠る方々に対してはもちろんですが、お墓を守っている方にも事前にきちんと挨拶をするなど失礼のないように最大限の配慮をしなければなりませんね。

このように「名字」「家紋」「戸籍」「お墓」という私たちが日常の中で触れるものから

も自家のルーツは意外と知ることができるものです。いかがでしょう、一生に一度くらい顔も名前もまだ知らない遠いご先祖様に出会う旅に出てみませんか？

そのために、次章からはより具体的に先祖を遡るための方法をお話しさせていただこうと思います。

第二章

名字・家紋から見える自家の歴史

ご先祖探しは「謎解き」の面白さ

さて、本章から具体的な先祖探しの方法論に入っていきたいと思います。

しかし、先祖探しを難しく考える必要はありません。先祖探しは一級のエンターテイメントです。自分の先祖が数百年前や千年前まで分かるとしたら、かなりドラマチックなことだと思いませんか？　そう、まずは楽しむことが重要なのです。

上質のミステリー小説を読むのは楽しいものですが、先祖探しは小説内の主人公の話ではなく自分自身の「謎解き」ですから、どんな面白いミステリー小説も及ばないエンターテイメントであり感動に溢れているのです。

その先祖探しを楽しむには相応のコツというものがあります。

それは、「上から」と「下から」を意識することです。

先祖探しの最終的なゴールは、平安期の頃の「姓」までたどりつくことです。前述したような「宇多源氏」「桓武平氏」「藤原氏」といった辺りまで自家のルーツを解明することです。実は藤原氏といっても、その中でもさらに「秀郷流《ひでさとりゅう》」「利仁流《としひとりゅう》」といったように細かく分かれているのですが、とにかくそうした千年前の平安期の姓までたどりつくことがゴールと考えてよいでしょう。

そして、千年前である平安期やその後の鎌倉期などを「上」と考えます。上の方の時代からルーツを考えていくことを「上から」と呼ぶことにしています。

一方、第一章で戸籍を取得することによって自分の身近なルーツを確実にたどれるという話をしましたが、こうした現代の自分（下）を起点に徐々に遡っていくことを「下から」と呼ぶことにしています。

江戸時代中に先祖が大名家で、明治期には華族だったという家であれば「上から」たどっても簡単に自家・自分までの系譜をたどれるはずです。そもそも、そうした家の末裔である場合には家に明確な系図が残されているでしょう。

一方、江戸時代中の先祖の様子さえよく分からないという一般的な方は「下から」地道にたどっていくしかありません。

しかし、先祖探しを楽しむという観点から申し上げますと、これはもう絶対「上から」考えていく方が楽しいのです。

前述の通り、自家の名字や家紋から「ウチは桓武平氏の末裔ではないか？」と、想像するところから始めていくのです。

この時点では、戸籍とは違いあくまで推測であり仮説です。しかし、仮説があった方がロマンがあります。そして、何らかの指針があった方が結果的に合っているにしても間違っているにしても調査方針の助けになります。

本章は「上から」の話になります。以下の私の話や、それを受けてインターネットや書物などにあたり、まずは皆さまなりの「自家の千年前の出自」に関する仮説を立ててみてください。

500年以上遡ると今とは違う名字になるのが一般的

上からルーツを考えていく場合に必要になってくるのが第一章でも触れた名字に関する基本知識です。

現在、貴家が使っている名字は、中世、つまり、500年以上遡ると今とは異なったものであるのが一般的です。第一章では高橋姓を例にとり大本の出自（源氏、藤原氏）が異なっていても、同じ地名の土地に本拠地を置いたがために現在は同じ名字になっているという例を挙げました。

これを図解すると55ページのようなイメージになります。

家系調査は「上から」と「下から」

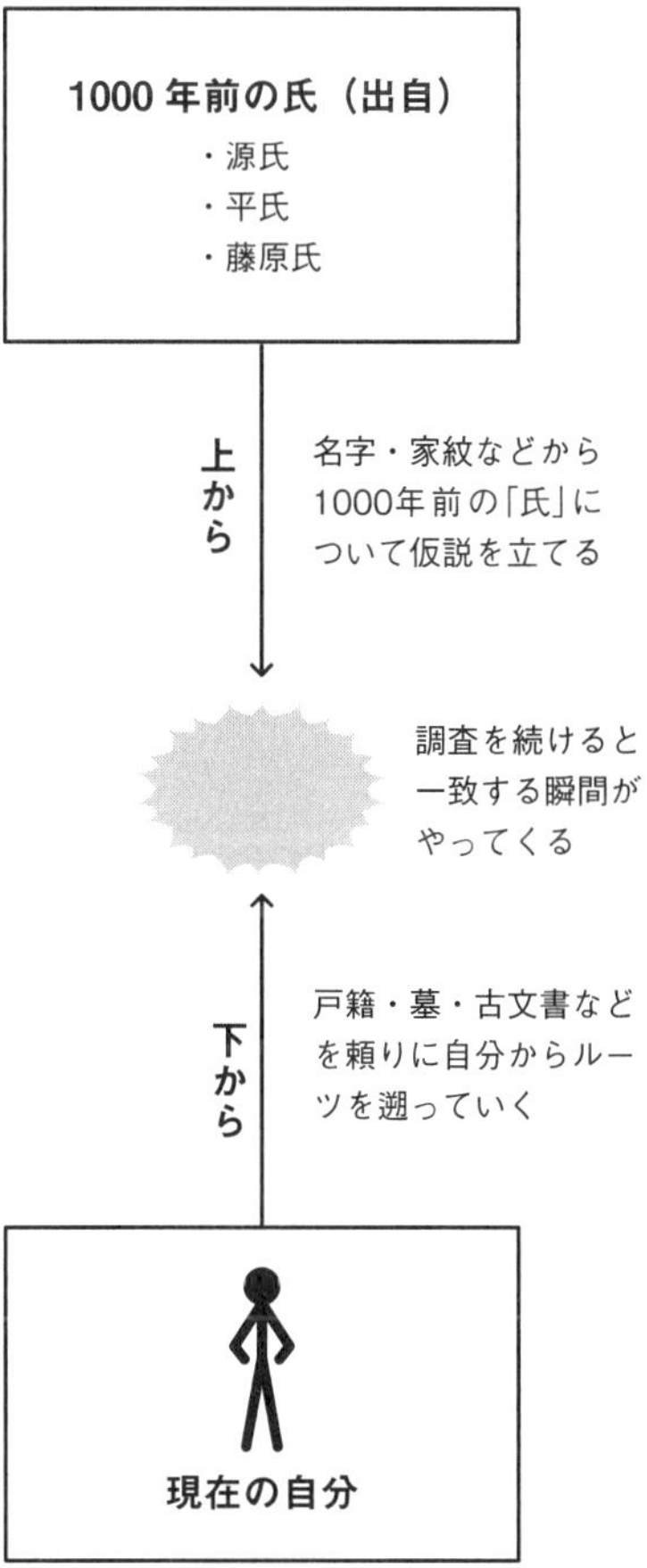
1000年前の氏（出自）
・源氏
・平氏
・藤原氏
上から
名字・家紋などから
1000年前の「氏」に
ついて仮説を立てる
調査を続けると
一致する瞬間が
やってくる
下から
戸籍・墓・古文書など
を頼りに自分からルー
ツを遡っていく
現在の自分

その一方で、大本の出自が同じなのに、その後に枝分かれしたそれぞれの一族が異なる土地に本拠地を置いたために、現在は異なる名字を使っているということもよくあるケースです。

たとえば、藤原氏の末裔の中の著名人で「藤原秀郷」という人がいます。

秀郷といえば、関東で起こった平将門《たいらのまさかど》の乱において将門を討ち取ったことでその名を轟かせました。当時、将門は伯父である平国香《くにか》を討ち、その勢いで関八州を制覇して自ら「新皇」とまで称したといわれています。いわば、朝廷から見れば逆賊です（もっとも、将門には彼なりの正義や苦悩があったようで吉川英治著『平の将門』などを読むと親近感もわきます）。

藤原秀郷は朝廷からの追討令に従い、苦戦しながらも天慶3年（940年）、ついに将門を討ち取ります。この秀郷は近江国田原《たわら》に生まれたために「俵（田原）藤太」とも呼ばれていました（「藤」は藤原の略。「太」は嫡男を表す太郎の略）。ここでも、居住地と名前が関係しています。

さて、なぜ長々とこの秀郷について説明しているかといえば、本書を読まれている皆さまの中にもこの秀郷の末裔にあたる方が多いと想像されるためです。

出自は異なるのに同じ名字になる

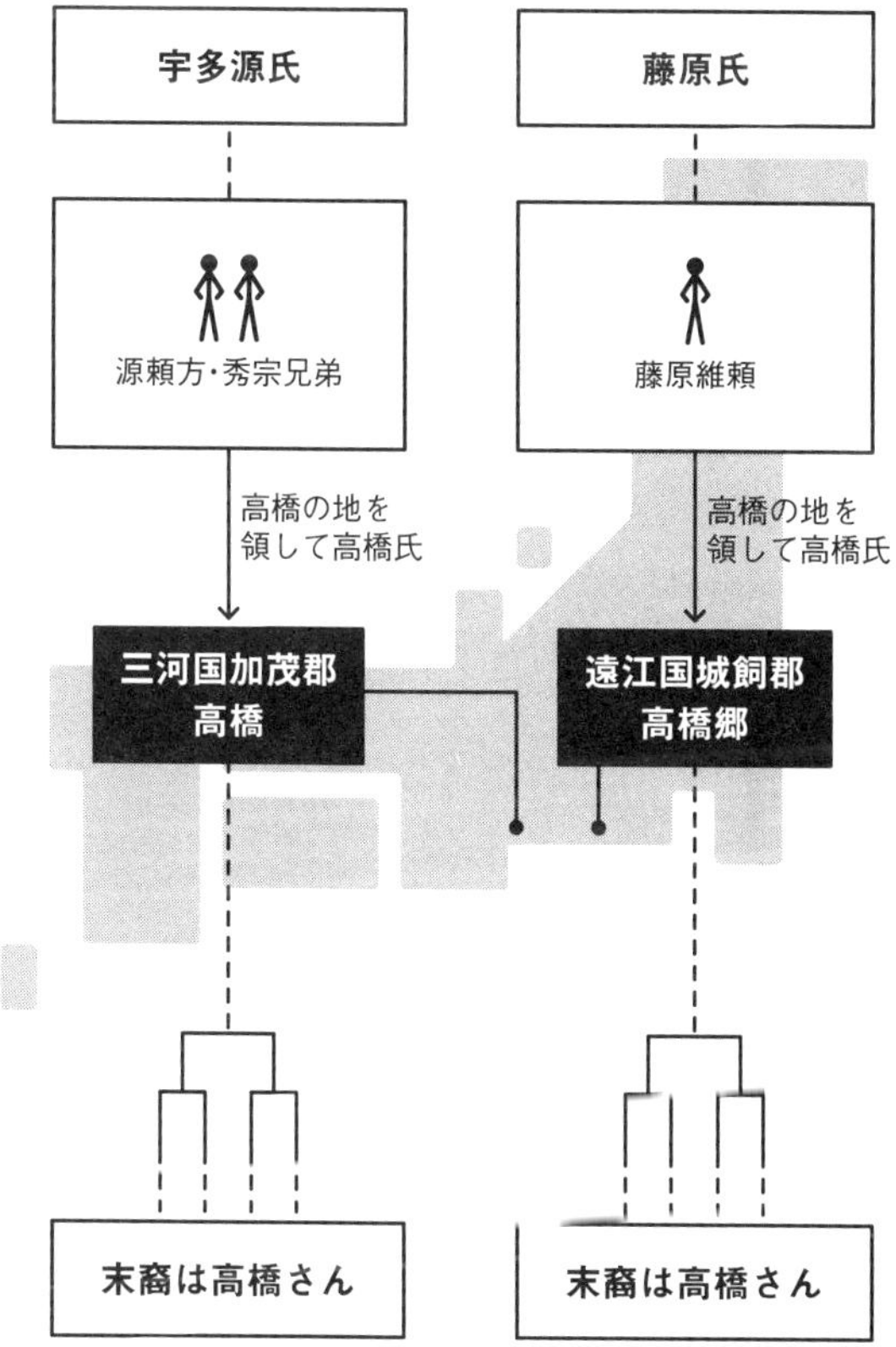
宇多源氏
源頼方・秀宗兄弟
高橋の地を
領して高橋氏
三河国加茂郡
高橋
末裔は高橋さん
藤原氏
藤原維頼
高橋の地を
領して高橋氏
遠江国城飼郡
高橋郷
末裔は高橋さん

元をたどればこの藤原秀郷を祖とする場合でも、現在では複数の名字に分かれているのです。

特に秀郷が活躍した北関東を中心に末裔が広がっています。

たとえば、末裔で下野国都賀郡《しもつけのくにつがぐん》**小山**庄（現栃木県小山市）を領した藤原政光はその庄名を名字として「小山氏」を名乗るようになります。

また、同じく秀郷の末裔で藤原通盛が常陸国久慈郡佐都庄《ひたちのくにくじぐんさとしょう》**小野崎**（現茨城県常陸太田市）を本拠として「小野崎氏」を名乗るようになっています。

これを図解すると57ページのようなイメージです。

実は、これで終わりではなく、この小山氏の末裔からさらに居住地等に拠って「結城」「長沼」「薬師」「藤井」という新たな名字が生まれていきます。

つまり、この地域の結城さん、長沼さん、薬師さん、藤井さんは、名字はそれぞれ異なるものの祖先をたどっていけば同じ藤原政光（小山政光）であるし、さらに小野崎さんも含めて千年以上前まで遡ると出自は同じ藤原秀郷流ということになっていきます。

このように、中世の頃（特に鎌倉時代）には土着した土地、あるいは領した土地の地名を新たな名字として名乗るようになっていきました。つまり、次々に「名字」が増殖して

藤原秀郷の系譜

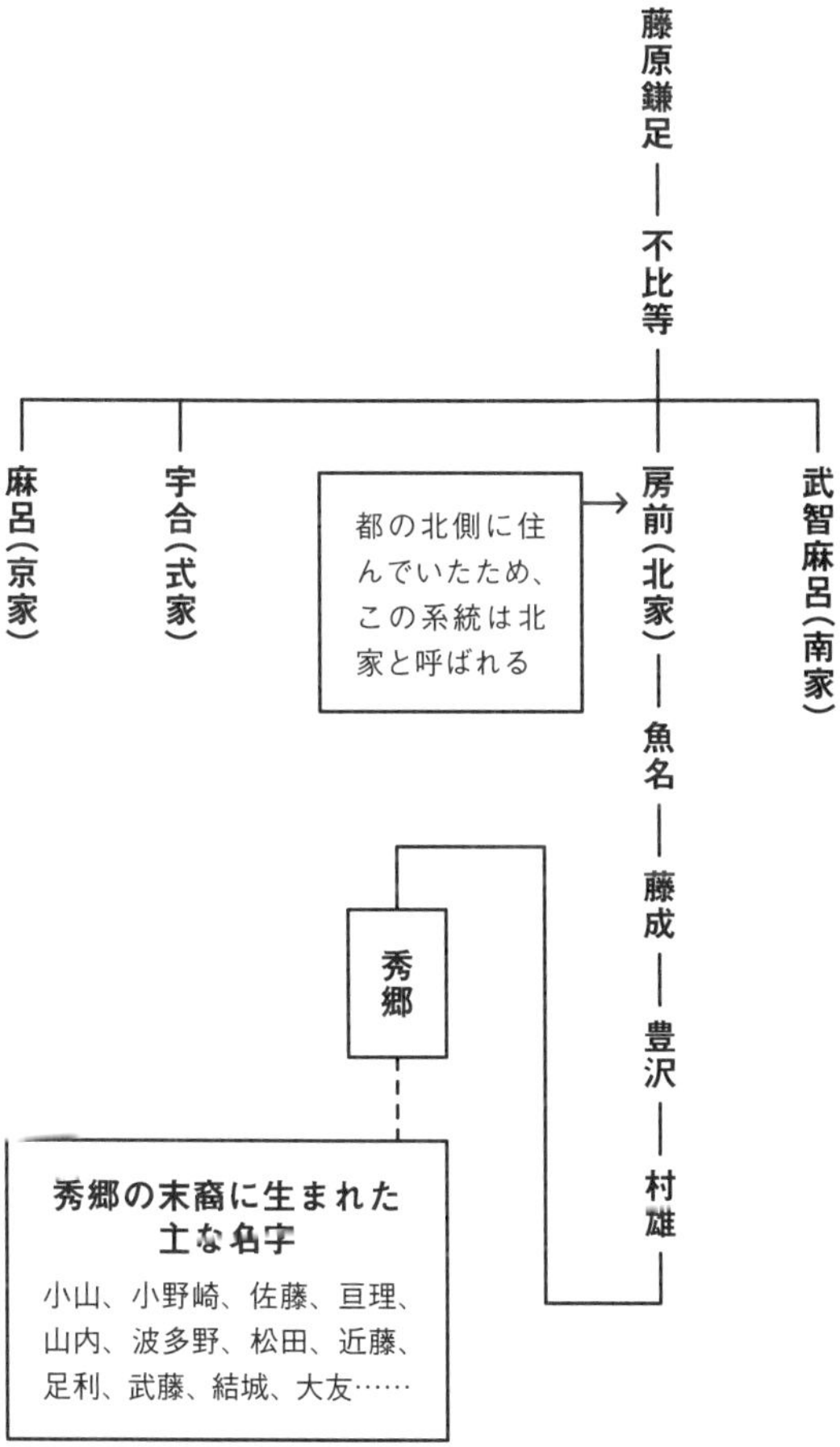
藤原鎌足
不比等
武智麻呂（南家）
房前（北家）
宇合（式家）
麻呂（京家）
都の北側に住んでいたため、この系統は北家と呼ばれる
魚名
藤成
豊沢
村雄
秀郷
秀郷の末裔に生まれた主な名字
小山、小野崎、佐藤、亘理、山内、波多野、松田、近藤、足利、武藤、結城、大友……

秀郷の末裔に新たな名字が次々と生まれる

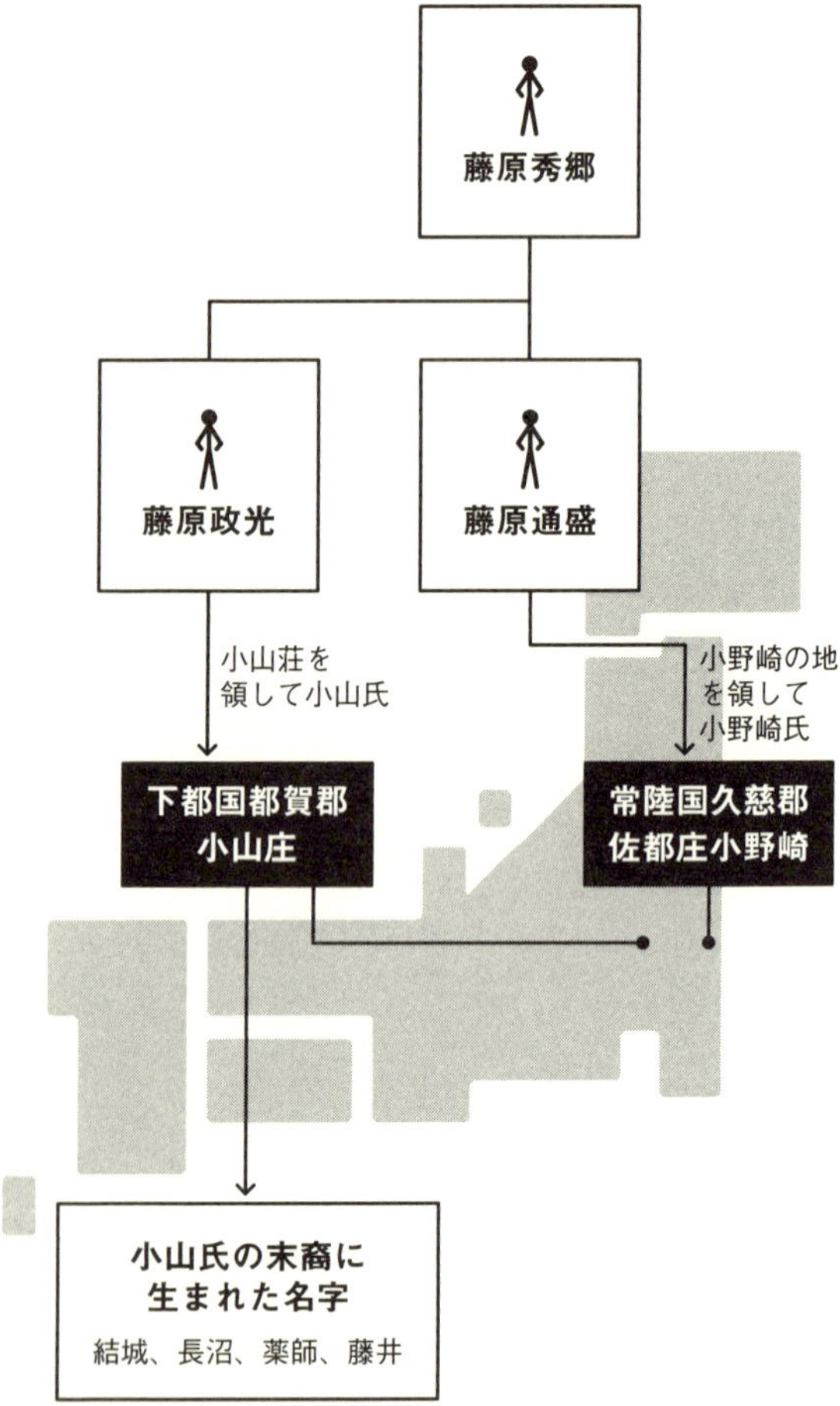
藤原秀郷
藤原政光
藤原通盛
小山荘を
領して小山氏
小野崎の地
を領して
小野崎氏
下都国都賀郡
小山庄
常陸国久慈郡
佐都庄小野崎
小山氏の末裔に
生まれた名字
結城、長沼、薬師、藤井

いった時代であるともいえます。これが、現在、日本が世界に類を見ないほど豊富に名字が存在している理由といえます。

朝廷の姓、武士の名字

実はこの「名字」というのは、武士の論理で作られていったものです。

平安期の「源」「平」「藤原」といった姓（これらは名字とはいいません）は天皇から賜ったものです。古来の姓というものは天皇・朝廷から付与され、それにより賜った側は権威が付けられるという構図で成り立っています。

しかし、その後に生まれる、地名である「小山」や「小野崎」を元にした名字には朝廷は関わっていません。ある意味では武士の一族が勝手に「ここは、オレら一族の土地だ」と、名乗り始めたものといえます。

現在でこそ、「姓」も「名字」も同じような意味で使われていますが、元々は全くの別物なのです。

武士にとって命より大事なものが「土地」です。

戦国武将も領土を拡大するために合戦に明け暮れていましたし、天下統一がなされた後の太平の世でも武士は己の知行地を増やすことが収入を増やす手立てでもあり名誉でもあったのです。

「一所懸命」という武士が自らの土地（領地）を命懸けで守ることから発祥した言葉も残っています。

武士にとっては、この地は自分のものだとアピールする必要があり、それが自然に領した土地を名字として名乗ることにつながっていったのでしょう。

もっとも、中世以降には自身の領地でなくても出身地を名字として名乗るケースが出てきます。これは現在でも居住地を指して「浦安の伯父さん」などという呼び方をするくらいですから、誰かを特定する際に「地名＋名前」を使用することは本能的にしっくりするのでしょう。

このように、名字というのは武士の間で通じる私称といえます。

ですから、武士たちも普段は名字でお互いを認識していても朝廷に対して自分の名前を名乗る時には、やはり「源」「平」「藤原」と名乗ります。

たとえば、徳川家康も公式な文書などでは「源朝臣家康」と署名します。

古代から変わらぬ姓を名字として使っている場合もある

ところで、中世の頃から武士の本場といえば関東です。ですから、名字も関東を中心により発展していった産物といえます。

京都を中心とした西国はやはり朝廷の影響力が大きいせいか、「藤原」という姓もそのまま変化することなく現在の名字までつながっている確率が高いともいわれます。関東の方では元は藤原姓であっても、前述の通り他の一文字＋「藤」で武士ならではの名字に変換されているケースが多いのです。

朝廷の影響力が強い土地では「藤原」の姓が変化せずに現在まで連綿と続いているというのは、確かに納得できる気がします。

しかし、現在も使われている名字のうちでは、平安期よりもさらに前の大和時代から存在していた姓と思われるものも見られます。

たとえば、62ページのようなものです。

これらのうち多くは、王権維持のための専門家集団であることを意味し「職業部」などと呼ばれます。

女子フィギュアスケートの村主章枝《すぐりふみえ》さんの名字などは古代からの村主姓なのか、それと

大和時代から存在していた姓

- 大伴（おおとも）……軍事を担当した家。
- 渡部（わたべ）………舟で人を運ぶ仕事に従事した家。
- 久米（くめ）…………久米（組）を表す。やはり軍事担当家。
- 物部（もののべ）……もののけ（化け物）を打ち祓うという意味で神事担当家。
- 中臣（なかとみ）……神と人をとりもつという意味で神事担当家。
- 忌部（いんべ）………悪霊を清める神事担当家。
- 服部（はっとり）……衣服を作る家。
- 弓削（ゆげ）…………弓矢の製作を行う家。
- 膳（かしわで）………天皇家の料理担当家。
- 村主（すぐり）………平安時代以前の渡来系民族の姓。元々の意は村主（むらぬし）。

も渡来系民族とは全く関係なく、中世〜江戸期に村を支配するような旧家であるためにそのような名字になったのか？　興味深いところです。

その他、「久米」「服部」などは現在でも多い名字です。これらの名字も上記のような古代の職業名を表していたものがそのまま現在まで残った可能性もあります。

渡辺姓だから川の「渡し」をやっていたとは限らない

中学生の頃、国語の先生がなぜだか急に名字について話し出したことがあります。

その時に「神社が有する田のことを『神田』という。だから神田という名字の人は祖先は神主だったか、それに関する仕事をしていたのだ」ということをいいました。私と目が合うと「丸山というのは円い山という意味で、それはお墓のことです。だから、君の祖先は墓守だったに違いない」と、断言しました。

その時は、「へ〜、そういうものかあ」と、妙に感心したことを覚えています。大きく円く盛られた土（墓）の横で槍を持ってそれを守る先祖のイメージを、その後も長く持ち続けました。墓守がつくような人のお墓って、いったいウチの先祖はどんな凄い人の墓を守っていたのだろうと。

しかし、今となっては、こちらも若干知識がつきましたので、その国語の先生の名字に関する蘊蓄《うんちく》の誤りを指摘することができます。

前項のように、確かに古代の職業（服を作る専業の集団のことを「服部」という等）がそのまま現在の名字までつながっていると思われるものもあります。

しかし、大多数の名字は先のように土地名を根拠としています。土地名が先にあり、それを自らの土地だと示すために、名字とした、あるいはもっと単純に、どこぞの土地の出身であるために、それを名字とした、それが大半です。

ですから、名字を表す言葉の意味がそのまま自家の由緒を表す訳ではないのです。

……しかし、そうなると一つ疑問に思えてくるのが、土地名が先に存在したのであれば、その土地名は何を根拠に付けられたものなのか？　ということです。

地名辞典などを見ていきますと、日本各地にある土地名の由来を知ることができます。今、手元に『角川日本地名大辞典19　山梨県』がありましたので、適当にページを開いてみると「岩間」という平安時代から存在している地名があります。現在の市川三郷町域に該当します。

同書によれば、この「岩間」という地名の由来は「……山地から土砂を沖積し、大小の石が散在することによる」と、書かれています。

これは地形が土地名になった例でしょう。

この他、職業名が土地名に変化したものもあります。

たとえば、日本の大姓である「渡辺」姓の発祥地は摂津国西成郡《せっつのくににしなりぐん》渡辺村（現・大阪市中央区）です。嵯峨天皇（第52代帝　786～842年）の末裔で民間に下った嵯峨源氏のうち、この渡辺村を本拠地とした一族が「渡辺」を名乗るようになったものです。

この渡辺氏は非常に勢力を持ち、その末裔は全国的に広がっています。

ちなみに、この渡辺氏の家紋は名字そのままの「**渡辺星**《わたなべぼし》」と呼ばれます。

「渡辺星」
（わたなべぼし）

嵯峨源氏の末裔である源綱（みなもとのつな）が、摂津国西成郡渡辺村に本拠を置いて、渡辺氏を名乗るようになった。その渡辺氏の代表紋がこの「渡辺星」。現在でも渡辺姓で、かつ渡辺星を家紋にしている家は多い。そうした家は嵯峨源氏の渡辺氏である可能性が非常に高いといえる。

家紋が渡辺星である渡辺さんは、嵯峨天皇を祖とするこの嵯峨源氏の末裔である可能性が高いといえます。大阪に行く機会があったら是非、この旧渡辺村の地に行っていただきたいものです。現住所は「大阪市中央区久太郎町四丁目渡辺3号」となっています（正確には旧渡辺村は少し離れた場所にありましたが、地名をここに残しましたので、ここを名字の地と考えてよいでしょう）。

　四丁目の後に「渡辺」という文字が入るのは住所としては少々不自然ですが、実は1988年の地名変更の際に「渡辺」の地名は消えるはずでした。しかし、祖先の名字発祥の土地名が消えることに対して渡辺姓の方々から反対の声が挙がり、このような形でかろうじて残ったという訳です。

さて、この渡辺の地から渡辺の名字が生まれたことは分かりました。

しかし、そもそもこの地域がなぜ「渡辺」になったのかといえば、これがまさに職業から取られた地名だったのです。先の古代の職業部であった「渡部」（舟で人を運ぶ）から転化したものなのです。この地は大川の両岸を結ぶ渡津（渡し場）があった場所であり渡部たちが活躍・居住する地ですから自然に地名も渡部⇓渡辺となっていったのでしょう。

こうなると、渡辺さんの発祥過程は、

1　職業名が土地名に変化した
2　その土地名が名字を生み出した

という2ステップを踏んだことになります。

図解をすると67ページのようなイメージです。

こうなりますと、確かに渡辺姓はその文字の中に由縁（渡津の船頭）を含んでいます。

しかし、渡辺星を家紋とする現在の渡辺さんの祖先自体は船頭ではなく嵯峨源氏といわれ

2ステップで生まれた名字

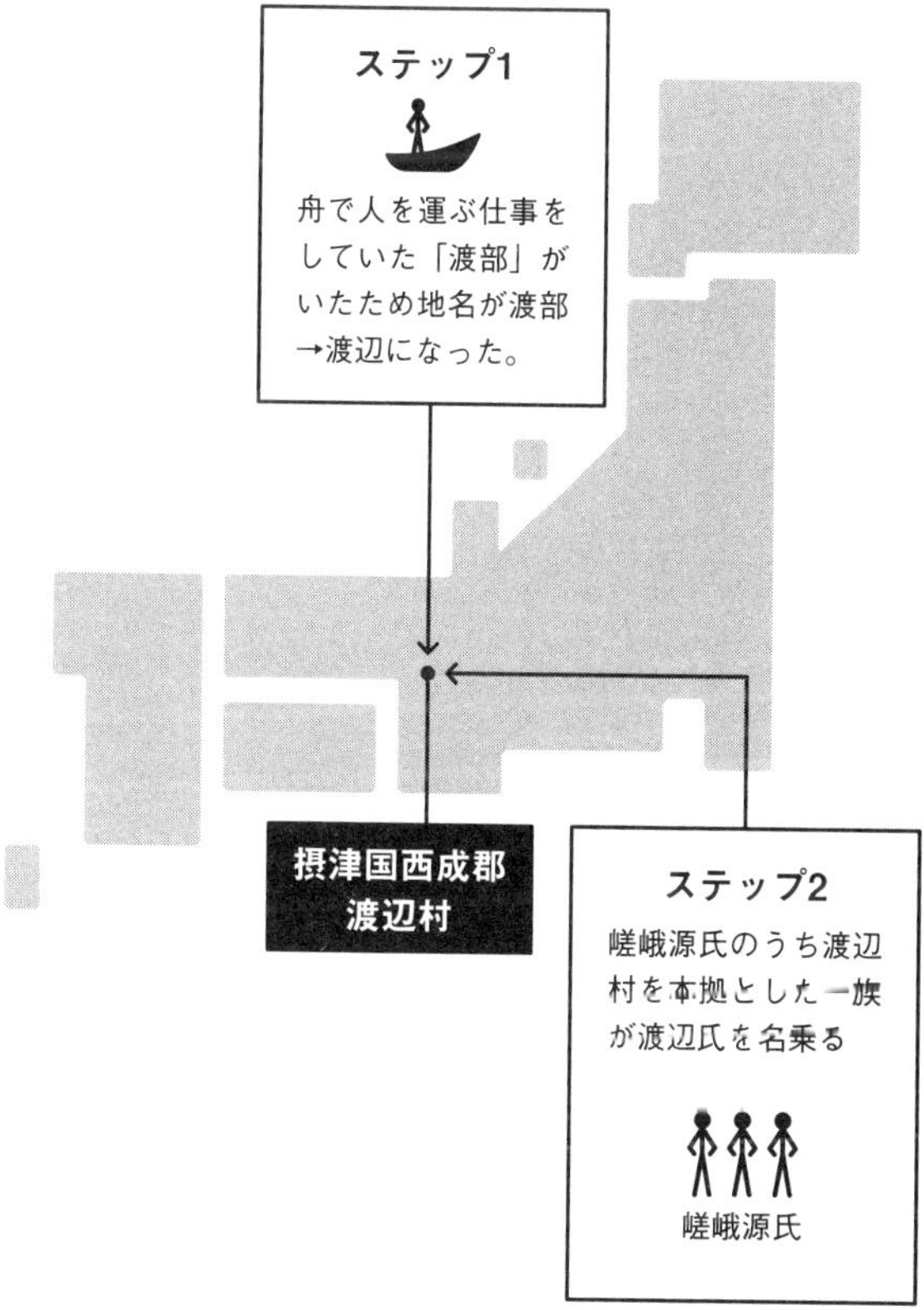
ステップ1
舟で人を運ぶ仕事をしていた「渡部」がいたため地名が渡部→渡辺になった。
摂津国西成郡
渡辺村
ステップ2
嵯峨源氏のうち渡辺村を本拠とした一族が渡辺氏を名乗る
嵯峨源氏

る武士団です。ですから、渡辺姓だからその祖先は舟で人を運んでいたとは決めつけられないのです（と、いいますか渡辺姓については、そうでない可能性の方が高い）。

という訳で、中学時代に国語の先生がいっていた名字の言葉が祖先の由縁を表すという説は残念ながら正確とはいえません。

しかし、名字に興味を持つきっかけをつくってくれたその国語の先生には非常に感謝しています。

名族「清和源氏」から出た名字を見る

さて、このように名字の成り立ちというのは実に不思議なもので、古代の王権に仕えていた際の職業を表す姓（職業部）がなぜかそのまま現在まで残っているものや、祖先の一族が居住したり支配したりした土地名によって時代と共に変遷して現在に至っているものもあるということです。

現存している名字についていえば、数としては圧倒的に「源」「平」「藤原」といった平安期の姓を基としながら中世の頃に土地名に拠って生まれ出たものが多いといえるでしょう。

さて、ここでは日本一の名族ともいわれる「清和源氏」を例にとって実際にどのような名字が生まれていったのかを見てみましょう。

「清和源氏」というのは、ここまでの説明で察しがつくと思いますが、清和天皇（第56代帝　850～880年）の末裔で皇室を離れ民間に下った一族のことを指します。

藤原氏の中でも「秀郷流」「利仁流」と、いくつもの代表的な流れがありましたが、同様に源氏の中でも「宇多源氏」「清和源氏」と、複数の流れが存在するということです。

こうした、代表的な家系の中で日本史史上最も強力な武門として栄えたのが清和源氏の一族です。

清和源氏の系統から生まれた代表的な人物を3人挙げます。

・源頼朝
・足利尊氏
・徳川家康

今さら解説は不要な方々ですが、源頼朝は鎌倉幕府を、足利尊氏は室町幕府を、徳川家康は江戸幕府を開いています。いわば実力で政権を勝ち取った武人中の武人といえる3人です。

ただし、徳川家康だけはその出自が清和源氏であるということにかなり疑問を持たれています。現在と違い、政権の座を手中に収める際には実力だけでは十分ではありませんでした。その出自も武人の頭領としてふさわしいものでなければ認めてもらえなかったのです。そのために家康は強引に系図を創作して清和源氏につなげたともいわれています。

しかし、もし仮冒《かぼう》であったとしても、あの家康をもってしても将軍にふさわしいのは清和源氏の系統であると判断せざるをえなかったのですから、いかに武家政権の時代に清和源氏というものが名族と考えられていたかが分かろうというものです。

さて、その清和天皇の末裔である清和源氏から生まれた主な名字を見てみましょう。清和源氏の中でもさらに「〇〇流」と細分化されています。

◆**義家流**《よしいえりゅう》

足利氏……源義家の子・義国《よしくに》が下野国**足利荘**《あしかがのしょう》を領して足利氏を名乗る。

新田氏……源義国の長男・義重が**新田郷**を開発して新田氏を名乗る。

◆**義光流**《よしみつりゅう》

武田氏……源義光の子・義清《よしきよ》が常陸国吉田郡**武田郷**を領して武田氏を名乗る。

小笠原氏…源長清《ながきよ》が甲斐国《かいのくに》**小笠原牧**《おがさわらまき》を領して小笠原氏を名乗る。

佐竹氏……源義光が常陸国久慈郡**佐竹郷**を領し、孫の昌義が佐竹氏を名乗る。

南部氏……前記小笠原氏の小笠原光行が甲斐国巨摩郡《こまぐん》**南部郷**を領して南部氏を名乗る。

◆**頼清流**《よりきよりゅう》

村上氏……源頼清が、信濃国更級郡《しなののくにさらしな》**村上郷**を領して村上氏を名乗る。

◆**頼光流**《よりみつりゅう》

土岐氏……源頼光の末裔が美濃国**土岐郡**《みののくにとき》を領して土岐氏を名乗る。

浅野氏……前記土岐氏の土岐光行が美濃国**浅野**を領して浅野氏を名乗る。

池田氏……土岐氏庶流が美濃国**池田荘**を領して池田氏を名乗る。

◆**頼親流《よりちかりゅう》**

石川氏……源頼親の孫・有光《ありみつ》が陸奥国《むつのくに》**石川郡**を領して石川氏を名乗る。

土方氏……源頼親の末裔・秀治《ひではる》が大和国《やまとのくに》**土方《ひじかた》村**を領して土方氏を名乗る。

高木氏……源頼親の末裔・信光が三河国《みかわのくに》碧海郡《あおみのこおり》**高木**を領して高木氏を名乗る。

義家流の足利氏からは、室町幕府を開く足利尊氏（はじめは高氏）が生まれます。また、足利氏の祖となった源義国の長男・義重が新田郷を開発して新田氏を名乗り始めますが、この新田氏の末裔はやがて同族の足利尊氏に対抗することにもなっていきます。

義光流からも武田信玄で有名な武田氏をはじめ、中世の常陸国を支配した大豪族・佐竹氏や同じく中世の奥州一帯を支配した南部氏など武家としての超名門を輩出しています。

また、頼光流のところを見ていただきますと、まずは美濃国土岐郡を領した土岐氏が生まれ、その後にその土岐氏族の中でも同国浅野を領した一族が浅野氏を名乗り、さらに、同国池田荘を領した一族が池田氏を名乗るといった支配地による名字の変遷が見てとれます。

この土岐一族の名字の変遷を系譜で表すと73ページのような関係になります。

土岐氏・浅野氏・池田氏発祥の系譜

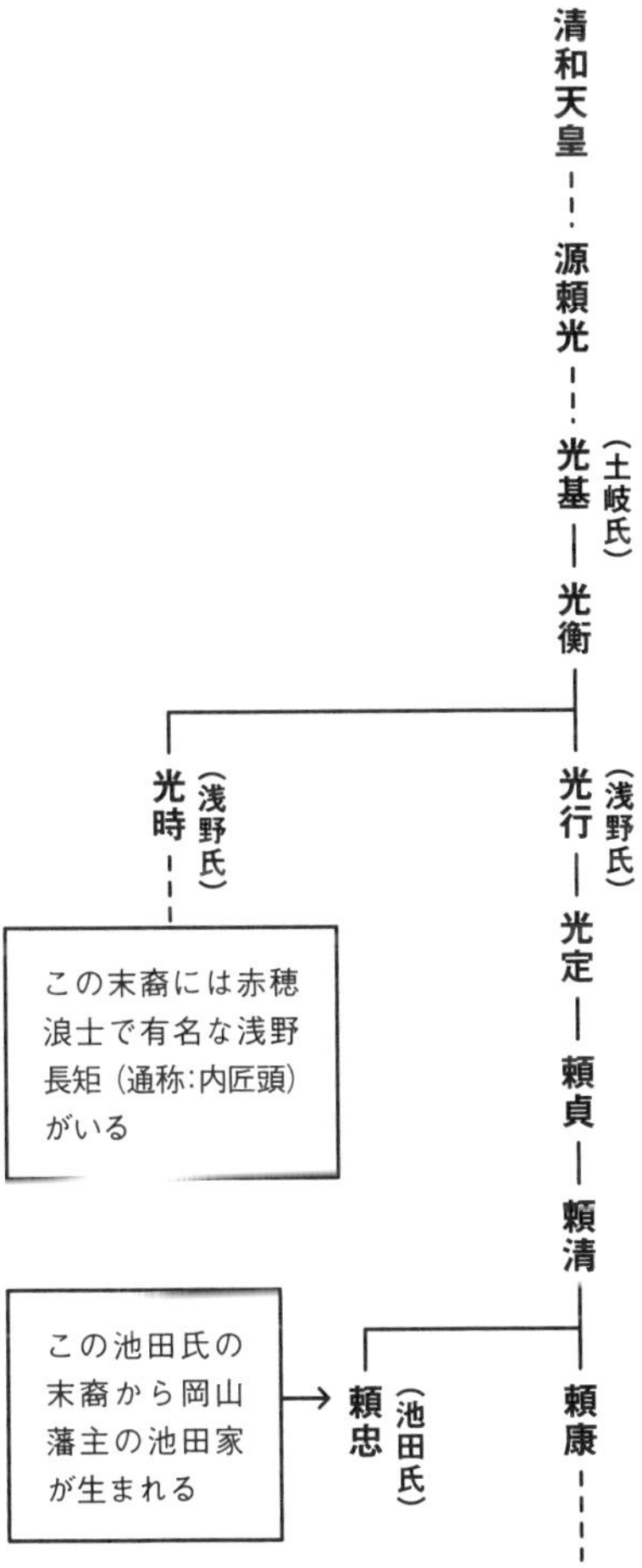
清和天皇
源頼光
光基
(土岐氏)
光衡
光行
(浅野氏)
光定
頼貞
頼清
頼康
光時
(浅野氏)
この末裔には赤穂浪士で有名な浅野長矩(通称:内匠頭)がいる
頼忠
(池田氏)
この池田氏の末裔から岡山藩主の池田家が生まれる

また、これらの名字からさらに末裔たちが本拠とした土地名を新たな名字として名乗るようになっていきます。先に挙げた名字からさらに派生した名字にどのようなものがあるかを少し見てみましょう。

足利氏から……新田氏（左記）、斯波氏、小俣氏、石橋氏、広沢氏、吉良氏
新田氏から……高林氏、大島氏、荒井氏、田島氏、由良氏、大館氏、堀口氏
武田氏から……加賀美氏、小笠原氏（左記）、南部氏（左記）
小笠原氏から…大井氏、三好氏
佐竹氏から……岡田氏、額田氏、高部氏、長倉氏、中条氏、小瀬氏、藤井氏
南部氏から……津軽氏、七戸氏、四戸氏、九戸氏
村上氏から……山浦氏、寄合氏、入山氏、山田氏、屋代氏、吾妻氏、飯田氏

清和源氏のほんの一部を見ても、これだけ多様な名字が生まれていることが分かります。30万種類ともいわれる日本の名字の全てを本書で解説する訳にもいきませんので、ご自身の名字がどのような出自を持つのか、数多く出版されている苗字辞典の類でご確認してい

ただくと楽しめると思います。

苗字辞典の元祖にして史上最高の大著といわれる『姓氏家系大辞典』（太田亮著　角川書店　昭和38年刊行）が最も充実していて図書館で見ることもできるのですが、書体・文体も古く、慣れない方には読みづらいかもしれません。

ですので、初心者の場合にはもっと新しい年代に刊行された苗字辞典をお勧めします。

たとえば、私の名字である「丸山」を苗字辞典で調べてみますと、おおよそ次ページの図のような系統があることが示されています。

私の丸山家の江戸時代中の居住地は新潟県長岡市域です。

そして、新潟県の丸山姓の多くは、戦国期から江戸時代初期にかけて信濃国（現・長野県）から新田開発のために越後国にやってきたと考えられています。

そうなりますと、先の丸山姓の主な出自のうち、私の祖先は信濃国を発祥とする「清和源氏武田氏族」である可能性も高いのかなと思えてきます。

この時点では、それが正しいか否かは確認のしようもありません。しかし、自身の家系を「上から」考えることにより、一つの仮説ができ上がります。それを基に「下から」も調査を進めていくと、いつか合致する時が来るかもしれません。何より「上から」自家の

丸山を「苗字辞典」で調べると

1. **藤原北家勝間田氏族**
藤原北家から発祥した勝間田氏の末裔に「丸山」の名字が生まれる。武田家に仕える。

2. **清和源氏武田氏族**
信濃の豪族・武田安芸守信満の後裔の丸山氏。室町時代は諏訪郡に居住。

3. **三河国の丸山氏**
額田郡丸山邑より発祥した氏族。

4. **赤松氏族**
美作国久米郡福田村丸山邑より発祥した氏族。赤松則村の末裔。

出自を考えることはロマンがあり楽しい作業です。

名字を生んだ土地一覧

皆さまも、「名字」というものにだいぶ詳しくなってきたのではないでしょうか？

そして、多くの名字が実は土地名を根拠にしているという事実もご理解をいただけたことと思われます。

そうなりますと、「自分の名字が発祥した土地が日本のどこかにある」のだということに気付かれるでしょう。もちろん、土地名を根拠にしていない名字もありますので100％とはいえませんが、多くの方にとって自家の名字発祥の地がどこかにあるのです。

名字を生んだ「名字の地」

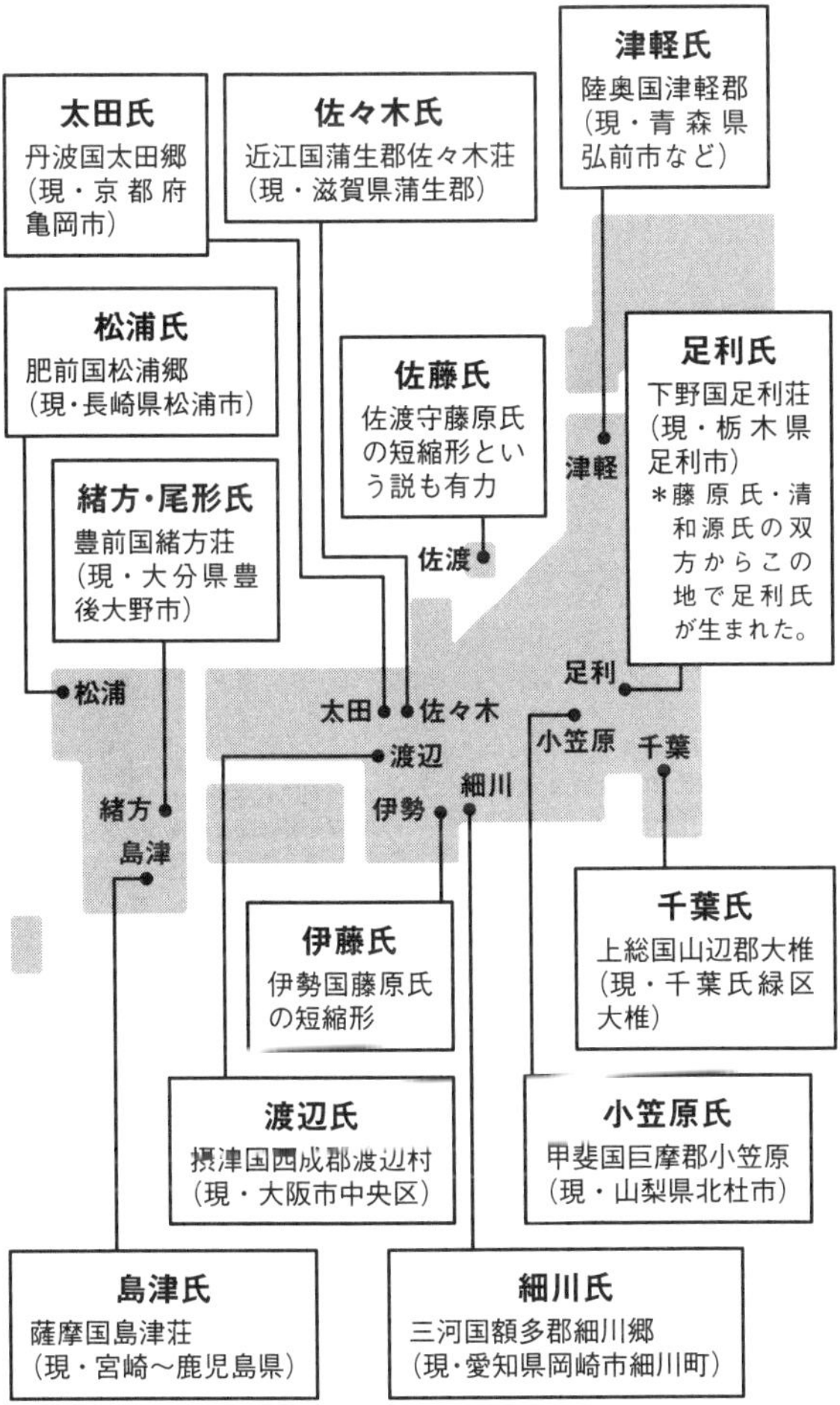
津軽氏
陸奥国津軽郡
（現・青森県
弘前市など）
太田氏
丹波国太田郷
（現・京都府
亀岡市）
佐々木氏
近江国蒲生郡佐々木荘
（現・滋賀県蒲生郡）
松浦氏
肥前国松浦郷
（現・長崎県松浦市）
佐藤氏
佐渡守藤原氏
の短縮形とい
う説も有力
足利氏
下野国足利荘
（現・栃木県
足利市）
＊藤原氏・清
和源氏の双
方からこの
地で足利氏
が生まれた。
緒方・尾形氏
豊前国緒方荘
（現・大分県豊
後大野市）
津軽
佐渡
足利
松浦
太田
佐々木
小笠原
千葉
渡辺
細川
伊勢
緒方
島津
千葉氏
上総国山辺郡大椎
（現・千葉氏緑区
大椎）
伊藤氏
伊勢国藤原氏
の短縮形
渡辺氏
摂津国西成郡渡辺村
（現・大阪市中央区）
小笠原氏
甲斐国巨摩郡小笠原
（現・山梨県北杜市）
島津氏
薩摩国島津荘
（現・宮崎～鹿児島県）
細川氏
三河国額多郡細川郷
（現・愛知県岡崎市細川町）

また、自家の名字とは関係がなくても、自身が住んでいる近隣の土地が「○○さんの名字発祥の地」と分かると興味深いものがあります。

そこで、次に日本各地の主な名字発祥の土地を眺めてみたいと思います（77ページ）。この中に、あなたの名字、または配偶者、親友の名字を生んだ土地名（名字の地）がある可能性大です。特に自家の名字発祥の地と思われる場所については、一度訪ねてみたいものです。図表に示したものは本当に代表的なものだけであり、自身の周囲の土地には数えきれないほどの「名字の地」が存在しています。

しかし、自家の「名字の地」の場所が遠ければお金や時間に余裕がないと簡単には行けません。何かのついでに足を伸ばしてみるということで良いと思いますが、せっかくインターネットが普及している時代ですから、まずはバーチャル「名字の地訪問」をしてみるのが良いと思います。

Ｙａｈｏｏ！やＧｏｏｇｌｅといった大手ポータルサイトですと、必ず詳細な全国地図が用意されています。そうしたものを利用して、まずは自家の名字の地を訪問してみます。

先の嵯峨源氏から生まれた渡辺氏の「名字の地」は旧摂津国西成郡渡辺村であり、現在の「大阪市中央区久太郎町四丁目渡辺3号」にその地名を残します。

渡辺の「名字の地」をYahoo!地図で検索してみた

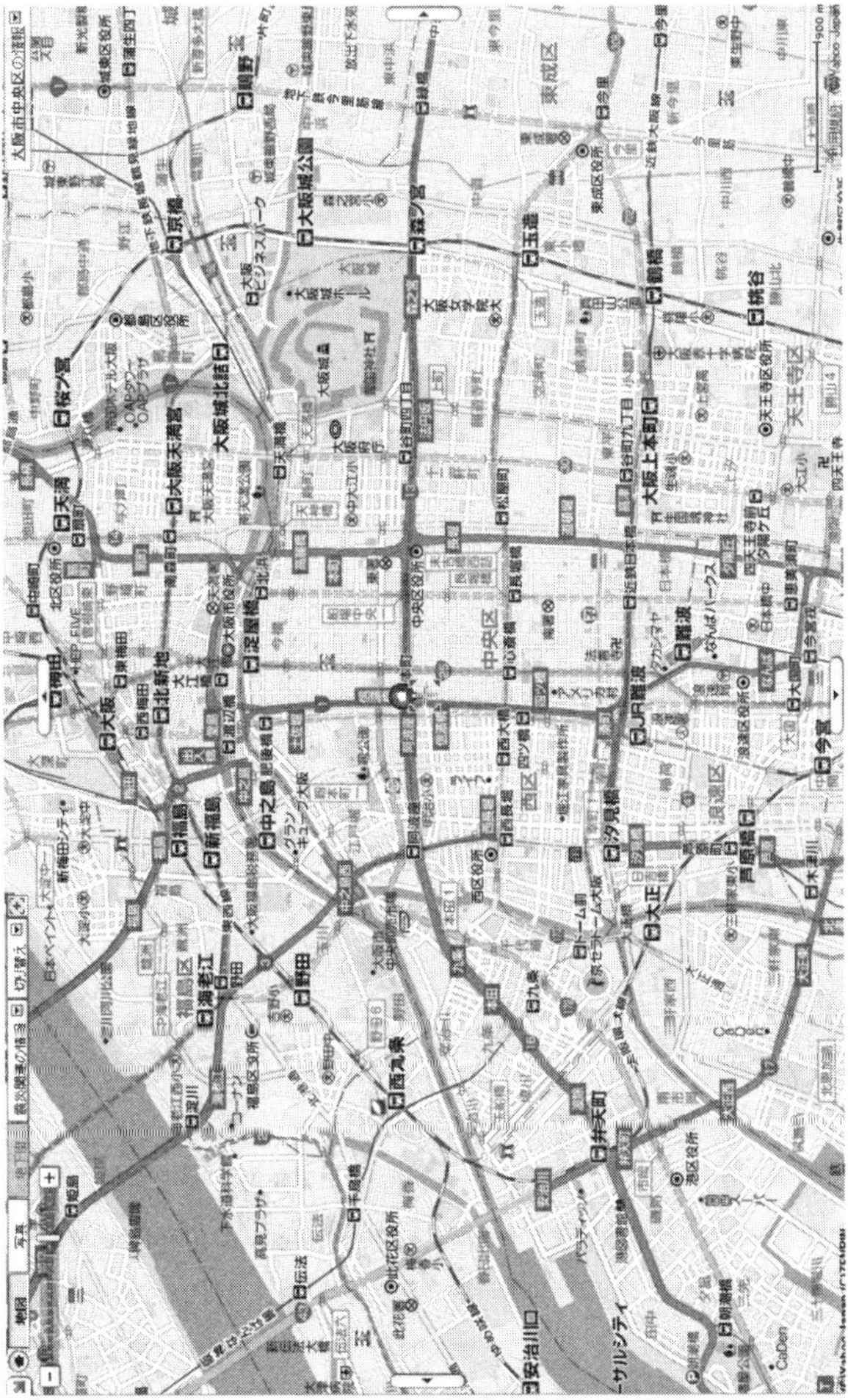

たとえば、Ｙａｈｏｏ！の地図を利用してこの地にアクセスしてみます。ここは大阪の都心ですから馴染みのある方も多いと思います。

地図を拡大してみますと、そこには坐摩《いかすり》神社（「ざまじんじゃ」と通称される）が鎮座していることが分かると思います。同社は摂津国の一宮を称する由緒高き神社ですが、平安期に渡辺村から渡辺氏が発祥した時から同じ渡辺村に鎮座していた非常に渡辺氏と縁が深い神社です。インターネットや文献でこの坐摩神社について調べてみますと、同社の神主家も古来より渡辺姓が代々務めていることが分かります。

また、渡辺村から発祥した渡辺氏はやがて「渡辺党」と呼ばれる武士団を形成し、港町を本拠としている強みを活かして海上交通を駆使して全国に散らばり、水軍として名を馳せるようになります。

地図の縮尺を縮小して引いた画面を見てみれば、改めて渡辺氏は大阪という「水の都」で発祥した一族であることが分かり、末裔たちが瀬戸内海に目を向けて水軍として活躍していったことも十分に納得がいきます。

もちろん、それぞれの「名字の地」によって周囲の景色は全く異なります。

「うわっ、凄い山の中だ！」

「中世の城館の跡地がすぐ傍にあるらしい」

などと様々な発見があるはずです。

検索窓に「大阪市中央区久太郎町四丁目渡辺」と入力してみると、実際に大阪市中央区久太郎町四丁目渡辺の地を訪問した人が自身のブログ等にその画像と記事をUPしたものが検索されるはずです。

自宅にいながらにして数百年前の祖先ゆかりの地を身近に感じることができます。

こうしたことを楽しむためにも、まずは自家の名字が発祥した地がどこなのかを知る必要があります。

家紋は自家の歴史を推理する道具になる

先ほど、苗字辞典などを利用して自家の大本の出自（清和源氏、桓武平氏、藤原氏秀郷流など）について仮説を立てることがまずは重要だと述べました。

しかし、一つの名字に対して複数の出自がある場合には一体どれが自家の出自に該当するのか判断がつかない場合もあります。

その際に、自家が中世の頃に「越後国にいたようだ」「九州の出身らしい」などと本拠地がどこであったかが伝わっていると、一つの名字に複数の出自がある場合でも「甲斐国（山梨県）にルーツがある岩崎姓なら、清和源氏武田氏の末裔で甲斐国岩崎を分領した岩崎氏の系統だろう」などと仮説も立てやすいといえます。

そしてもう一つ、仮説を立てる際に参考になるのが家紋です。

第一章で、家紋というのは先祖探しにおいて「絶対視はできないが、参考にはなる」という話をしましたが、仮説を立てる際にまさに参考になるのです。

苗字辞典にもよりますが、太田亮氏の『姓氏家系大辞典』のような詳細なものになると、各名字で複数の出自がある場合、可能な限りその出自ごとに使用紋も書き添えてあります。出身地が分からない場合でも、そうした紋と自家の家紋がぴったり合致していれば同じ出自であろうと仮説を立てることができます。

たとえば、「高山」という名字の場合、その出自はやはり複数ありますが、桓武平氏の高山氏であれば家紋は「**五《ご》七《しち》の桐《きり》**」「**三頭左巴《みつがしらひだりともえ》**」などを使用し、清和源氏足利氏から出た高山氏は足利氏族らしく「**二《ふた》つ引両《ひきりょう》**」などを主な紋として使用していることが書かれています。

もし、自家の現在の紋と合致する出自があれば、おぼろげに自家のルーツが感じられま

「剣梅鉢」
（けんうめばち）

梅紋をアレンジしたのが梅鉢紋。梅紋は菅原道真の菅原氏の代表紋であり、公家的な優雅さを感じる。そこに剣を添えたのは、菅原氏の中から生まれた武士であることを表すためか？

「丸に剣三つ柏」
（まるにけんみつがしわ）

「三つ柏」は東北の大豪族・葛西氏の代表紋として有名な他、尾張の山内氏など戦国期に使用する武家が多かった。ただし、柏は神事に用いられるものであるため神職の家で使用されていることも多い。剣を添えたのは、武家であるという区別とも考えられる。

すし、仮説も立てられることになります。

家紋は分家の際に、本家と異なるものに変えてしまうことがあると書きましたが、外郭を変える程度で大本の意匠を残しているケースが大半です。また、全く異なる意匠に変える際でも、その当時の当主が何らかの意思を持ってその新たな紋を選んだはずです。

たとえば、「剣」の意匠を付けた紋というのは、どこかに自家が「武家の出」であるという意思が感じられます。

家紋に剣の意匠が入っている場合には、戦国時代に武家でありながら仕える大名が滅亡し、武士身分を捨てて帰農した際に武家の誇りを「剣」の付いた家紋に残した可能性が高いといえそうです。

家紋を知ると、自家のルーツのみならず、そこに秘められた由緒が感じられて楽しいものです。ここで、代表的な家紋について少し眺めてみることとしましょう。

武家の家紋は「シンプル」、公家の家紋は「優雅」

そもそも、家紋なるものはいつからできたもので、どんな人たちが使い始めたものなのでしょうか？

「丸に剣花菱」
（まるにけんはなびし）

菱紋は、清和源氏義光流の「甲斐源氏」の代表紋であり、武田一族が有名。そして、「剣花菱」を家紋としていることで著名なのが幕臣の勝海舟。その海舟もある時、自家の出自に興味を持ち人に頼んでルーツの近江で現地調査をしたとか。その結果、古い出自は「物部氏」とのこと。

その起源は平安時代後期といいますから、今から千年前に遡ります。

もともとは公家たちが牛車（当時の公家は馬ではなく牛車を使用していたのです。その優雅さはやはり公家という感じです……）に紋を付けて、朝廷などに集まった際に他家のものと区別できるようにしたのが家紋の始まりといえます。

一方、武家にとっての家紋はもう少し後の時代に、もっと実用的な用途から生まれました。

武家の用途といえば、これはもう戦場における「目印」以外の何物でもありません。

まず、敵味方の区別を付けなければ合戦のしようもありません。

ですから、初期の頃は非常に単純なもので、源平合戦の頃は「赤旗」と「白旗」だけです。平氏が赤。源氏が白。それだけです。小中学生の騎馬戦と何ら変わりありません。

しかし、その後はさらに細分化していき、敵味方それぞれの中でも異なる紋を掲げて合戦に挑むようになります。

源平合戦から時を経るごとに「戦」の形態も複雑化していきます。常に赤白という二つの勢力だけが合戦をする訳でもありませんし、時にはこちら側に付くかもしれないが、明日は裏切ってあちら側に付くということも各武将の戦略上、あり得るようになってきます。また、二手に分かれて戦う場合でも、それぞれのチームは一団という訳ではありません。日本史上最も有名な合戦といえる「関ヶ原」も、実に複雑なチーム分けがされています。実質的に徳川家康と石田三成を大将とするこの戦ですが、東軍は全て家康の家臣、西軍は全て三成の家臣という訳ではありません。

当時の大名の多くは、この戦が始まる直前まで東軍に付くか西軍に付くかで迷っていましたし、実際には関ヶ原の戦いが始まってからも日和見、裏切りなど虚々実々の駆け引きが繰り広げられました。

ですから、東軍といっても一団ではなく諸大名の寄せ集めですし、さらにその大名の家中でも重臣ごとに異なる家紋を掲げて自身の家臣団を引き連れて戦います。

こうなると、掲げる家紋は敵味方を区別するという要素もさることながら、武将ごとに「自家を他と区別させる」という要素の方がより強くなっていきます。

自家を区別させるというのはどういうことかといえば、自家の戦功をきちんと大将に認めてもらえるようにするということです。命を懸けて敵中に飛び込んで戦功をあげようという場合、そのリスクを負った様子、その成果を遠くから物見している大将の目に焼きつけなければ単なる骨折り損のくたびれ儲けというものです。

そうして戦後に論功行賞を受ける。それが武家が戦国の世を生き残っていく唯一の術です。

そうなれば必然的に自家の家紋を掲げ、アピールする必要が出てきます。

武士の方はこのような事情で、中世以降、多種多様な家紋が生まれたという訳です。

ですから、公家の家紋はどちらかというと優雅さを競う傾向に、武家の家紋はシンプルで目立つもの、武家らしく力強いものを用いる傾向にあります。

日本の代表的な家紋ごとの由緒を以下に挙げてみます。公家、武家それぞれの心意気が感じられると家紋はまた味わい深いものになります。

「笹竜胆」
（ささりんどう）

竜胆（りんどう）紋は、源氏の代表紋であるかのようにいわれることが多いが、前述の通り源平合戦の頃に源氏を表す旗は「白」であり、源氏を表す紋とはいえない。源氏の中で村上源氏、宇多源氏が主に使用したことから、いつの間にか源氏の代表紋としていわれるようになったものと思われる。

「揚羽蝶」
（あげはちょう）

竜胆紋が源氏の代表紋のごとくいわれるのに対し、蝶紋は平氏の代表紋のようにいわれる。実際に古くから、平重盛が鎧の裾金物に蝶丸を用いるなどして平氏のあいだでもよく使われていたことが見られる。しかし、こちらも全ての平氏が代表紋として使っていたという訳ではない。

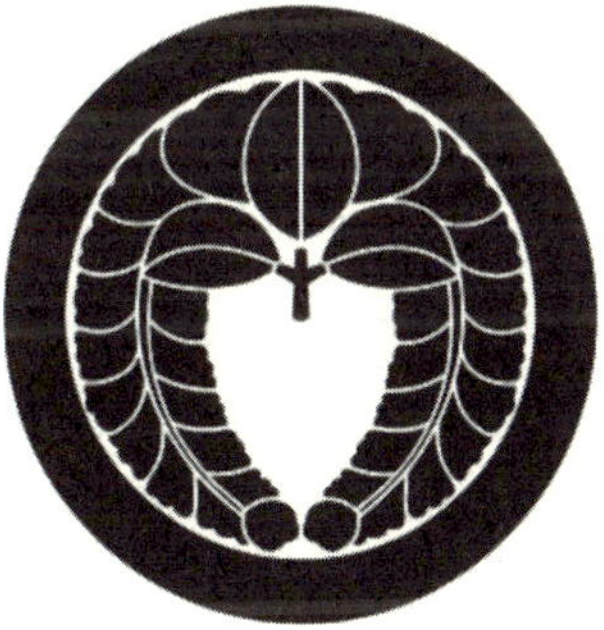

「下がり藤」
(さがりふじ)

藤紋は、やはり藤原氏の代表紋のようにいわれるが、平安期の藤原氏の多くが藤紋を付けていたという訳ではない。しかしながら、後の世になって藤原氏であるがゆえ家紋を選ぶ際に「下がり藤」をはじめ藤に関わる紋を使用した家が多いことは想像に難くない。それゆえ、結果的には藤原氏の代表紋であるといってもよいと思える。

「梅」
(うめ)

菅原道真を祀る天満宮の神紋。菅原道真が梅を大変愛したことによるもの。この紋を使用している家は出自が菅原氏か、天満宮を篤く信仰していた家であることが多い。道真は大宰府に流配されるが、京を去った時に詠んだ「東風吹かばにほひおこせよ梅の花あるじなしとて春な忘れそ」の歌は有名。

「二つ引両」
（ふたつひきりょう）

引両紋といえば、新田氏の一つ引両紋、足利氏の二つ引両紋、三浦氏の三つ引両紋が有名。武家の用いる陣幕の文様から転じたもので、いかにも武家らしい家紋といえる。足利氏の一族のみならず、その家臣に至るまで競って付けたと言われるが、確かに足利氏の末裔でなくても現在もこの紋を使っている家は見られる。

「三つ鱗」
（みつうろこ）

鎌倉の執権・北条氏の代表紋。北条時政が江の島弁財天で子孫繁栄を祈願した際に出現した大蛇の落とした三つの鱗に拠ったものといわれる。後に戦国期に関東一帯を支配した小田原北条氏（鎌倉北条氏に対して後北条氏とも呼ばれる）は、前の北条氏にちなみこの紋を使用した。

「丸に違い鷹の羽」
（まるにちがいたかのは）

鷹自体が強さの象徴でもあり、元来、鷹は武士の遊戯にもよく用いられており、武家に好まれる紋といえる。古くからこの鷹の羽を代表紋としている氏族としては肥後の大豪族・菊池氏などがある。武家に好まれる紋だけあり、江戸時代中の徳川旗本家に使用されている割合も高い。

「桔梗」
（ききょう）

桔梗を代表紋としている氏族は土岐氏が有名。その支流である明智光秀もこの桔梗紋であるが、鮮やかな水色桔梗である。天正10年（1582）6月2日、光秀が謀反を起こし主君である織田信長を本能寺に攻め自害させたことは余りに有名。本能寺においてこの水色桔梗の旗を掲げた軍勢に囲まれた信長は何を想ったのであろうか……。

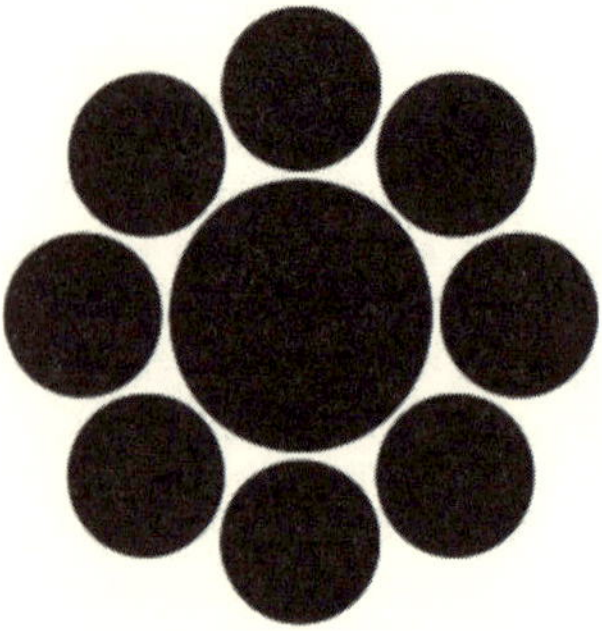

「九曜」
（くよう）

家紋における丸印は「星」を表している。桓武平氏の良文流の氏族に多く見られ、代表格としては千葉氏が挙げられる。坂本龍馬が江戸で剣術を習った千葉道場は千葉氏の末裔。また、清和源氏の細川氏も九曜を代表紋としているが、細川氏は足利氏の分かれでもあるので併せて「二つ引両」も家紋として使用している。

第三章　戸籍をたどれば江戸時代のご先祖名が出てくる

「下から」先祖を遡る

前章のように「名字」「家紋」から、自家はこんな出自を持つのではないか？　という仮説を立ててみる。これが「上から」先祖を考えていくということでした。

その次に行うべきは、自分自身から上に向かって、着実にルーツを遡っていくことです。つまり、「下から」考えていくのです。

もし、仮説が正しければ、「下から」と「上から」がどこかで合致する時がきます。

実はこれを書いている一昨日まで新潟県で現地調査を行っていました。当事務所の家系図作成サービスの中で「1000年たどるコース」というものがあり、これは依頼人から平安期に至るまで文字通り千年の系譜を明らかにすることを目標とするコースです。

今回のこの調査によって、先祖探しにおいては「上から」と「下から」の両面から考えていくことの大事さを再認識させられました。

個人情報の問題がありますので実名は出せませんが、新潟県にお住まいの依頼人の名字をうかがった時に私の中では「それなら信濃国（長野県）の氏族で、元は清和源氏だろう。戦国時代に新田開発のために越後国（新潟県）に渡ってきたのではないか」と、すぐに考えました。これは、今までの蓄積していた知識から導き出した仮説であり「上から」考えてみたということです。

そのように「上から」の仮説を立てたら、後は地道にコツコツと「下から」調査を重ねていくのみです。

まずは、依頼人を起点にして直系尊属の戸籍を可能な限り古いところまで取得していきました。

現在、取得できる可能性のあるもので最も古い明治19年式戸籍まで無事に取ることができました。戸籍に記載された本籍地からも、やはり古くから新潟県の同地に住まわれていたようです。

その後、菩提寺にアポイントを取り同寺の過去帳を見せていただけることになりました。

また、近隣の庄屋を務めていた家に現在も所蔵されている江戸時代からの古文書も見せていただく段取りを付けることができました。

それらのアポイントを得た上で、いざ新潟県に現地調査に赴いたという訳です。

お寺の過去帳をたどっていった結果、元禄期までの約３００年間のご先祖様名をはっきりと確認できました。

また、庄屋家の古文書の中に同村の検地帳がありましたので、同家が江戸期に所有していた田畑の広さまで知ることが叶いました。

それはそれで良かったのですが、私にとっては「上から」の仮説を確認することも重要な作業でした。

もし仮説の通り信濃国から新田開発のために越後国にやってきて村を開拓したのだとすると、その村には「諏訪神社」があるのが普通です。

実は新潟県には、諏訪神社の本拠である長野県よりも同社が多く存在しているのです。それはまさに、戦国期から江戸時代初期にかけて多くの人が信濃国から越後国に新田開発に赴き、村に諏訪神社を祀ったことを物語っています。信州から行った民が開拓した村であれば、諏訪神社があってしかるべきなのです。

それにより、信濃国の清和源氏系の某氏族であるという「上から」の仮説が真実味を帯びてくるという訳です。

そこで、依頼人はじめ同地の方に「この地区に諏訪神社はありませんか？」と尋ねてみたのですが、どなたも「諏訪神社はないよ」というばかりでした。そうなると、信濃国から云々という私の仮説は早くも崩れることになります。

これは仮説の立て直しかなあと思い始めていた時、相談をしていた郷土史家の方が文献をめくりながら「あっ、明治時代までこの地区に諏訪神社があったそうですよ」と、声を上げました。

その文献を見ると、明治時代中にその地域にあった諏訪神社は同村の別の神社に合祀されたと記されています。

早速その合祀されたという神社に駆けつけて諏訪神社の痕跡を探したのですが、崩れて一隅に固められた祠のようなものはありましたが、明確に諏訪神社のものと確認できる痕跡はありませんでした。

しかし、文献により明治時代後半までは確実に村内に諏訪神社が存在していたことは証明されました。

これがまさに「上から」と「下から」が合致する瞬間で、先祖探しをしていて最もエキサイティングな場面ともいえます。

もし、この案件で「上から」の仮説を一切立てていなかったとすると、そもそも「諏訪神社があったか？」という問い掛け自体が出てきません。これが現在でも諏訪神社が同地に現存しているならば、現地で見かけて「諏訪神社があるということは、信州から来た人々が開拓した村なのでは？」という展開になることもあり得ますが、合祀されて影も形も無くなっているのですから、最初からその意識がなければ永遠に信州とはつながらなかったでしょう。

「上から」を考えるのはルーツ探しをする上での楽しみでもあるのですが、実は非常に実用的でもあるということです。

上からと下からの仮定を着実に行い、自家の本当のルーツに出会えるようにしましょう。

現在でも明治19年式の戸籍まで取れる可能性がある

さて、いよいよ下からの、つまり、自分自身を起点とした調査を始めていきましょう。

と、いいましても、いきなり現地調査に出向く訳ではありません。居ながらにしてできることから始めていきます。

まずは何といっても戸籍の取得です。

戸籍は公文書という最も信頼できる書類であり、かつ誰でもほぼ確実にルーツをたどれるものですから、これを取らない手はありません。

ところで、現行の戸籍制度ができたのは明治5年（1872年）のことです。

以来、140年以上にわたり今日まで連綿と戸籍制度が続いているのです。だから確実に先祖を遡れるのです。

しかし、実はその明治5年式の戸籍（干支にちなんで俗に壬申《じんしん》戸籍とも呼ばれます）というのは現在では取得することができません。この壬申戸籍というのは江戸時代中に作られていた公文書である宗門人別帳の影響が色濃く残っており、家族の情報の他にその家の菩提寺や氏神などまでが記載されています。一説によると江戸時代中に受けた罰についても記載されているものがあるとか無いとか……。

まあ、そのように現代においては非常に問題があるものですから法務局に厳重封印されて誰も見ることができないようになっています。これは人権擁護の観点からいっても必要な措置といえるでしょう。

という訳で、現在取得できる最も古い戸籍はその後に様式が改正された明治19年式のものからになります。

ただし、役所によっては戦災等で焼失しているケースや、古いものを廃棄してしまっているケースもあります。その場合は明治19年式のものは取れないこともありますが、私の経験でいえばまだかなりの確率で明治19年式のものまで取得できます。法律によって除籍簿に綴られてから（戸籍内の全員が死亡や婚姻でいなくなった時に除籍簿に綴られます）150年が経過すると役所はその戸籍を廃棄してもよい規定になっています（平成22年5月までは80年で廃棄できる規定でした）。

つまり、今なら取得できる古い戸籍も時代の経過と共に廃棄されてしまう可能性があるということです。

先祖の大事な記録が知らぬ間に消されてしまうのは寂しいことですので、今のうちに可能なところまで古い戸籍を取得しておくことをお勧めします。

戸籍にある事実の羅列から先祖の生活が見える

そのような訳で運よく自家の明治19年式の戸籍がまだ現存していることを祈りつつ取得を試みてみましょう。日本全国どこの役所のものでも戸籍（改製原戸籍、除籍を含む）は郵送で請求・取得することも可能です。

では、明治19年式の戸籍がどういうものか実物を見てみましょう。

101ページの図は、実際の明治19年式戸籍を事例として氏名だけを架空のものに変えてあります（明治時代のものですから、実物は手書きです）。

明治19年式戸籍の記載例

愛媛県越智郡富田村大字東村六番戸

前戸主　亡父　山田清兵衛

続柄	事項	父母・続柄	氏名	生年月日
戸主	明治廿五年九月十三日相続ス 昭和四年八月拾参日午後七時本籍ニ於テ死亡同居者山田一郎届出 同月十五日受付	亡父清兵衛長男	山田清吉	明治三年十一月三日生
祖母	明治五年以前当郡当村　鈴木与一長女入籍ス 明治参拾四年五月拾七日死亡同日届出同日受付除籍	亡祖父清七妻	シマ	文政八年三月三日生
母		亡祖父清七二女清兵衛妻	フサ	嘉永二年七月廿八日生
伯母	明治四拾弐年八月弐十壱日死亡四月弐拾四日届出同日受付除籍	亡祖父清七長女	サダ	弘化三年七月廿五日生

最近の戸籍と比べると、だいぶ印象が異なるのではないでしょうか？

注目したいのが、現在では「筆頭者」と呼ばれるところが「戸主」となっています。これはまさに昔の戸籍が戸（家）を中心としていたことを表しています。

戸主の隣に「祖母」が書かれています。

「あれ、現在の戸籍には祖父だの祖母だのは載っていないと思うけど……」

と、思われた方は鋭いです。

現在の戸籍制度では、三代以上（祖父・父・子など）が一つの戸籍に入ることはありません。現在の戸籍は「一組の夫婦とその子供」……つまり二世代までしか一緒の戸籍には入れません。

それに比べると戦前までは「家」が中心でしたから、一つの家にいる人物は家長である戸主を中心として何世代でも同じ戸籍に入りますし、子供の妻はもちろん戸主の兄弟や伯父・伯母まで入っていることも珍しくありません。

事例として挙げた明治19年式戸籍でも伯母が記載されています。

また、実際にはこの戸籍が作られた当時は族籍記載もありました。江戸時代中に武士だった家は「士族」。農家・商人だった家は「平民」となっていました。それらは現在では消されています。

その結果、明治19年式戸籍といっても、そこから読み取れる事項は各人の氏名・生年月日、死亡年月日等であり、さほど現代のものと変わらないのです。どんな職業に就いていたかも戸籍からは読み取れませんし、前述の通り江戸時代中の身分記載も消されているので自家の江戸時代中の暮らしぶりなどもうかがうことはできません。

しかし、ちょっと工夫をすると、こうした味気ない事実だけが羅列されている戸籍からも意外と自家の先祖の様子が読み取れるものです。

たとえば、事例の戸籍に書かれている本籍地を見ると「愛媛県越智郡富田村大字東村」となっていますが、江戸時代中からそこに居住していたかどうかは確認のしようがありません。徳川幕府が倒れて明治維新を迎えると人の往来が自由になりましたから、実は明治初期に別の土地からこの本籍地に移住してきた可能性も捨て切れません。明治4年に廃藩置県が断行されたために、本当は城下に住んでいた武士だったものが失業してこの農村地帯に移住してきて農業を始めたのかもしれません。

しかし、実はこの事例の戸籍を見ると、この家が江戸時代中からこの本籍地に居住していたことが読み取れるのです。

どこから、そう読み取れるのか分かりますか？

戸主の祖母であるシマさんの欄をよく読んでみましょう。次のように記載されています。

「明治五年以前当郡当村　鈴木与一長女入籍ス」

つまり、シマさんの実家である鈴木家も山田家と同じ東村に本籍地があるということです。

シマさんが丸山家に嫁いできた年月日は不明ですが、シマさんの生年は文政8年（1825年）ですから江戸時代中（〜1867年）に婚姻したことは間違いありません。つまり、地縁による婚姻が江戸時代中に行われているのですから、この山田家も鈴木家も江戸時代中から同村に居住していたと考えることができます。

これにより、もし戸籍の範囲を超えて先祖を遡ろうという場合にはこの本籍地の場所の江戸時代中の記録を探していけばよいのだという指針ができます。

戸籍用語を知っておこう

さて、この他にも古い戸籍の情報に「地名辞典」「郷土史」の情報を重ね合わせると、江戸時代中の自家の暮らしぶりがだいぶ見えてきます。

多くの方が、戸籍は古いものまで取得して先祖名は判明したけれど、それ以外は何にも分かりませんと残念がるのですが、それでは非常にもったいないです。戸籍だけでは無機質なデータにすぎません。ご先祖様の息吹や体温を感じるために是非、「地名辞典」「郷土史」の活用方法を覚えてください。

しかし、その方法に入る前に、まずは古い戸籍をきちんと読み解くために「戸籍用語入門」をやっておきましょう。基本的な用語を覚えておくだけで、役所に戸籍を請求する時もスムーズに行きますし、そこに記載された内容も理解しやすくなります。

【現戸籍】

現時点での最新の戸籍を「現戸籍」(げんこせき)と呼びます。

日本国籍を有している方であれば、必ずどこかの市区町村に本籍を置いていて、そこに自身の現戸籍が保管されています。古い戸籍を遡っていく場合でも、まずは自身の現戸籍を取得するところから全ては始まります。

【除籍】

一つの戸籍に記載されている人々も、やがて「死亡」や「婚姻」によって、その戸籍から一人また一人と消除されていきます（昔の戸籍では名前に×印が付けられます）。そうなると、どんな戸籍でもいつかは誰もいなくなる日がやってきます。いわば「戸籍の抜け殻」です。

そうした戸籍は除籍と呼ばれ、除籍簿に綴られていくのです。

除籍簿に綴られた除籍の保存期間は戸籍法により現在では150年と定められています。今、ひっそりと除籍簿に綴られているご先祖様の除籍も処分される時をじっと待っている訳です。101ページの図も正確にいえば「除籍」ということになります。

【改製原戸籍】

戸籍の様式は法令で変更されることがあります。

そうした戸籍が新たに書き換えられることを「戸籍の改製」と呼び、従前の不要となった様式の方を改製原戸籍と呼びます。

不要になったとはいえ、相続時など様々な身分関係を証明する時に必要になりますので、当然これもしばらくの間は保存されます。

ところで、戸籍が改製される時は、内容は同じまま様式が新しいものに書き換えられるだけなので現戸籍だけ取得すれば事足りると思ったら大間違いです。

書き換えられる時点で、すでに婚姻や死亡で消除されている人は新しい戸籍の方には全く転記されないのです。つまり、現戸籍の方に載っていない人が改製原戸籍の方には載っていることがよくあります。ですから、先祖探しにおいては必ずこの改製原戸籍も漏らさずに取得しておく必要があります。

ところで、この改製原戸籍は「かいせいげんこせき」というのが正しい呼称です。しかし、「げんこせき」という音は現戸籍（げんこせき）と非常に紛らわしいです。そのため、役所の人は通常この改製原戸籍のことを「はらこせき」と呼ぶようにしています。

そうしないと電話でやりとりする際には非常に混乱しますので、是非、覚えておきたいところです。

【三代戸籍禁止の原則】

現代の戸籍は、「一組の夫婦とその子供」が単位、つまり、親子二代までしか一緒の戸籍には入れません。

そのため子供が結婚した場合には、親の戸籍を抜けて新たな戸籍を編製することが必要になります。


【家督相続】


現代と違い、戦前の旧民法下の戸籍単位は「家」でした。家、つまりは、家長を「戸主」として、その子供、さらには子供の配偶者まで一緒の戸籍に入るのです。

戸主には、家を統括するための特別な権利義務が認められており、そうした特別な権利は「戸主権」と呼ばれていました。戸主の許可がなければ家族は婚姻や分家をすることもできないのですから非常に強大な権限であったといえます。

家督相続というのは、この戸主権の継承のことを指します。

古い戸籍の中には、この言葉が頻繁に出てきますので、その意味を理解しておくことが大切です。

家督相続が発生する原因としては、「戸主の死亡」「女戸主の入夫婚姻」「戸主の隠居」

などが考えられます。

余談ですが、「隠居」という制度も昔は正式に民法に定められていたのです。ですから、隠居をする際には旧法にのっとり、きちんと役所に届出をしていたのです。

【廃家】

これも旧民法の制度です。

戸主が他家に養子縁組などで入る場合には、従前の家を廃家とします。その際に廃家する戸主の戸籍に入っていた家族は、その戸主について入家先の戸籍に入ることになります。

【分家】

今でも地方では「分家」という言葉を普通に使いますが、やはり旧民法上の制度であり正式には戦前だけにあった制度です。

戸主以外の家族が、その家から分離して新たに家（戸籍）を創ることを分家と呼びました。

【養子】

昔の戸籍を取得すると養子が多いことに驚かされます。

女の子ばかりが生まれる家では、男の子を養子にとり、適齢期になると長女と婚姻させ家を継がせるというのが定石でした。家系図を作る際には、このことも理解していないとおかしな家系図になってしまうので注意が必要です。

これなどは、まだ簡単なケースであり、もっと複雑に養子縁組と婚姻が重なり合って家系図に表すのに一苦労というケースもあります。

【妾】

いわゆる「愛人」です。

この「妾」が法律上、認められていた時代があったというのですから現代人にとっては驚きです。

明治3年（1870年）に布告された「新律綱領」の中で、妾は妻と同等の親族の範囲に含まれ戸籍にも記載されたというのです。江戸時代中の感覚がまだ抜けていなかったことをうかがわせます。

しかし、明治15年（1882年）の旧刑法の実施に伴いこの規定はなくなりました。ですから、現在取得できる最も古い戸籍である明治19年式以降ではもはやこの記載を見ることはできません。私は、調査の中で個人宅に所蔵されている明治5年式の壬申戸籍も数多く見てきましたが、いまだこの「妾」の記載に出会ったことはありません。いちど見てみたいものです。

ざっと、この程度のことが頭に入っていれば戸籍の請求・取得、そして読み解きもスムーズに行くはずです。

第一章でも触れました通り、戸籍内の全ての人物は従前にどの戸籍に入っていたかが必ず記載されています。自分自身の現戸籍を起点に従前戸籍（38ページ）をどんどん遡って取得していきましょう。

戸籍はその本籍地を管轄する市区町村役場で発行してもらえます。戸籍の請求は郵送でも行えますので、たとえ遡っていく中で遠隔地の本籍地が出てきても大丈夫です。

ただし、現在ではプライバシーの観点から戸籍取得にあたっては身分証明の提示や、その戸籍を取得する権利があるか否か（自分から見て直系の戸籍しか取得できません）の審査が厳しく行われます。

窓口に行く場合でも郵送で請求する場合でも、予め電話で必要書類をよく確認されることをお勧めいたします。

可能な限り古い年代まで遡って自家の戸籍を取得してみましょう。

本籍地を地名辞典で確認する

無事に古い戸籍（正確には除籍）まで取得できましたでしょうか？

まずは、取得できた自家の最も古い戸籍の本籍地に着目してみましょう。

101ページに挙げた明治19年式戸籍を例にとれば、本籍地は「愛媛県越智郡富田村大字東村」です。

まずは、地名辞典を使ってこの本籍地について調べてみるとよいでしょう。

地名辞典で著名なものは、角川書店の『角川日本地名大辞典』と平凡社の『日本歴史地名大系』です。

これらの地名辞典には、鎌倉時代から書籍刊行時までの間の行政区とされた地名が網羅されています。戸籍取得で判明した明治期の本籍地についてはほぼ確実に載っていることでしょう。角川版は現在では入手困難ですが、両社版共ほとんどの図書館に所蔵されています。私などは仕事柄必要ですので、角川書店の全51冊を古書店から十数万円出して一括で購入しました。

さて、本籍地が「愛媛県越智郡富田村大字東村」とある場合には、いちばん最後の地名である「東村」に注目してください。

明治期の本籍地の大字に該当する地名が、江戸時代中の村名であることが大半です。事例でいえば「東村」という村が江戸時代中にあったと考えられます。実際に、地名辞典で愛媛県の巻を探していただければ出てきます。

私の丸山家の戸籍上の最古の本籍地は「新潟県三島郡日越村大字喜多」です。こうした場合には大字である「喜多」というのが江戸時代中の村名にあたることが多いものです。

そこで、『角川日本地名大辞典15　新潟県』で「喜多」を探してみますと次のように書かれています。

《近世》喜多村

江戸期～明治22年の村名。三島（さんとう）郡のうち。長岡藩領。村高は、「元禄郷

帳」700石余、「天保郷帳」716石余。文政13年高附帳では村高672石余、割元森右衛門とある。(後略)

このように、「○○石」と村の石高が記載されている時点で農村地帯であることが分かります。江戸時代中からこの地に住んでいたとすれば、農民であったことはほぼ推測できます。

喜多村と同じ現長岡市域でも、たとえば「台所町」などは次のように記載されています。

《近世~近代》台所町
江戸期~大正13年の町名。江戸期は長岡城下の1町。外堀と福島江用水との間にあった武家屋敷地。地名は藩主の台所があったことによる。(後略)

もし、こうした地に本籍地があったとすれば、前記の喜多村の場合とは先祖の暮らしぶりはだいぶ異なったものであろうと推測できます。

本籍地は移動していないケースが多い

先ほど、101ページの明治19年式戸籍を事例として戸主の祖母の実家が同村であることから、江戸時代中から同地に居住していたと推測できると述べました。

しかし、事例のように運よく江戸時代中に婚姻している女性が戸籍内に記載されていれば、そのような推測ができるのですが、そのような人物が戸籍内にいないこともあります。

その場合でも実は、明治19年式戸籍が取れた場合には、そこに記載されている本籍地の場所に江戸期から居住していた可能性が極めて高いといえます。

取得はできないものの現行の戸籍制度の始まりとして作られた明治5年式の壬申戸籍があるという話をしました。

これまで軽く1000通は超える戸籍取得をしてきた私の経験から申しますと、明治19年式戸籍には基本的にはそれ以前の情報、つまり、明治5～19年までの間の転籍情報が転記されていることが多いのです。

つまり、もし明治5年から19年までの間に別の地から移住してきた場合にはその旨が転記されているということです。

いかんせん明治初期の話ですので、現在では役所に聞いても曖昧な答えしか返ってこないことが多いのですが、明治19年以前の情報も明治19年式戸籍には転記されているはずだという話もよく耳にしますし、実際に明治19年以前の転籍情報が記載されている戸籍を目にもします。

また、なぜだかはよく分からないのですが、地域によっては「天保十三年●●村　丸山某助次男　分家」などと江戸時代中の転籍（分家）情報まで記載されている戸籍もあります。こうしたものを見ると、地域によっては明治5年の戸籍作成時に分かる限りの情報を取得し戸籍内に盛り込んだ役所もあるということが分かります。これは、明治5年式戸籍から明治19年式戸籍に様式変更を行う際に、それらの情報をそのまま転記していったのでしょう。つまり、明治19年式戸籍にそうした転籍情報が記載されていない場合には、明治5年以降に転籍をした可能性は低いということになります。

もちろん、その場合でも明治初年から明治5年までの間に転籍をした可能性は捨て切れません。しかしながら、明治初期に転籍をしたならば明治5年以降に行われた可能性が高いといえます。

明治初期に場所を移動する主な事情は、武士が「廃藩置県」で失業して生活に困り、他所に移動して商売を始める、あるいは農業を始めるといったものです。廃藩置県が行われたのは明治4年のことですが、それに伴って人が移住を始めるのは、しばらく後になってからです。

そうしたことからも、明治19年式戸籍中に特に転籍情報の記載がなければ、やはりその本籍地に江戸時代中から居住していた可能性が高いといえるのです。

「地租改正」で土地はそのまま所有を許された

そしてもう一つ、「地租改正」の影響があります。

地租改正というのは、明治5年から約10年をかけて政府が行った土地所有に関する大改革です。

ご存知のように、江戸時代中の土地というのは基本的には武士(幕府・藩)の所有分でした。検地帳でそれぞれの田畑は村の農民が名請人となっていますが、実質の所有者はあくまで武士階級であり、それを農民が使わせてもらう。そして、決められた年貢を納めるという構造です。

つまり、農民は「自分の土地」といわれ年貢を課されはしますが、本当の所有権を持っていた訳ではないのです。ところが、明治になって行われた地租改正では、その名請人でしかなかった農民に正式に所有権を与えることになったのです。正確にいえば、いったん明治政府が日本全国の土地を収用し、それを従来の名請人であった地主に無償あるいは安価で払い下げるという形を取りました。

そこで、農民は本当に自分所有の土地を持てて喜んだのかといえば決してそうでもありません。確かに自分の土地になり「年貢」は無くなりましたが、今度は「地租」という全国一律の税金が課されることになったのです。江戸時代中は見込まれる収穫に対して年貢が設定されていました。まだ、こちらの方が田畑の事情に配慮された課税形態であったといえます。しかし、一律に土地に対して課税されるとなると個々の事情は配慮されません。加えて、明治政府は何かと入用でしたから税率は結構高かったのです。

このため全国的にこの地租改正を巡っては大きな騒動となっています。

何はともあれ、こうして従来その土地の名請人であった農民に正式な所有権が与えられました。その土地所有権を証明するものが「地券」といわれるものです。この地券が所有者になる農民に配られたのです。

実は、戸籍の範囲を超えて本格的なご先祖調査を行う中で、この地券は各地域で現存していることが多く、よく目にします。

このように地券が配布されるまでの経緯も知っておくと、ご先祖宛ての地券一枚を見てもなかなか感慨深いものがあります。

ちなみに、この地券はやがて廃止されて土地台帳制度へ、さらに現代の登記制度へと変遷していきます。

このような経緯で江戸時代中からの土地持ち農民には正式に土地所有権が付与されたのですから、基本的には江戸時代中に農民だった家はそのままの土地で明治時代を過ごしている可能性が高いということになります。

つまり、地名辞典で照合した結果、本籍地が農村地帯である場合にはやはり江戸時代中からご先祖は農民として過ごしていた可能性が高いということがいえるのです。

武士もそのまま土地を与えられた可能性が高い

では、地名辞典で照合した結果、本籍地が城下町、つまり武家地だった場合はどうなのでしょうか？

農民はそれまで名請していた土地をそのまま付与されました。

では、武家地（城下あるいは城内）に居住していた武士の家の土地はどのように扱われたのかということが重要になってきます。

参考になる書籍として『明治国家と近代的土地所有』（奥田晴樹著　同成社）があります。同書に武家地、町人地についての措置が次のように記されています。

「実際の武家地処分は、江戸－東京において着手された。政府は、四年（一八七一）十二月二十七日付で太政官布告を発し、東京府の管内で、①従来あった武家地と町地の区別を廃止し、②それらの地所すべてに地券を交付し、③地租を上納させよ、というのである」

つまりは、城下町の武家地、町地も区別なく農地と同様にいったん政府が収用し、地券を交付して正式に所有権を与えて、そのうえで納税させよということです。また、東京以外の武家地についても同書では次のように記しています。

「東京府以外の諸府県における旧城下町などの武家地はどう処分されたのだろうか。大蔵省租税寮は、同月付の府県宛の達で、東京府同様、他の府県でも武家地など従来免税だった地所について、沽券税（地租）を課税する予定なので、東京府に布達した地券発行地租収納規則の規定を準用し、調査など必要な準備をしておくように、と指示している」

ということで、事情は日本全国同様だったようです。

こうしたことからも、やはり明治19年式戸籍の本籍地は、それ以前の転籍情報が記載されていない限り、どの身分であっても江戸期のものと変わっていない可能性が高いといえます。

江戸期の城下町には武士と町人（商人・職人）が居住していました。

武士の中でも上級武士と下級武士に分かれており、上級武士ほど城に近い位置に屋敷を与えられていました。

俸禄の低い下級武士ほど城から離れた位置に居住し、足軽身分になると町人と同じような場所に住んでいることも多くありました。

地名辞典の中でも、その町名ごとに「藩士の武家屋敷が多く」「足軽身分の屋敷が並び」「職人の家が多かった」という記述がされていることもありますので、そうしたところからもご先祖様の様子を思い描くことができます。

まずは、可能な限り古い戸籍を取得し、その本籍地を地名辞典で調べてみる。これだけの作業でもだいぶ、江戸時代中の自家の様子に迫れるはずです。

また、地名辞典の記載の中には、記述の根拠とした文献、古文書名が挙げられていることもあります。

これは後々、戸籍の範囲を超えて先祖探しを本格的に行う際に大いに参考になりますのでメモを取っておきたいところです。

さらに、こうした地名辞典を活用して最古の本籍地の自治体の変遷を確認しておく必要があります。それにより、今後読むべき郷土史のタイトル検索に役立つことになります。

たとえば、私の丸山家があった「喜多村」の自治体の変遷は次の通りです。

《「喜多村」の変遷》

・江戸時代～明治22年「喜多村」(三島郡)

・明治22年　日越村の大字になる。

・昭和29年　長岡市喜多町・石動町・宝地町となる。

このように自治体名の変遷を地名辞典から記録しておくと、必要となる郷土史を検索しやすくなります。

郷土史で自家の名字に注目する

郷土史は日本各地の自治体で製作されています。

大きなところでは都道府県史があります。「新潟県史」「神奈川県史」などのタイトルで1巻千ページにも及び、それが十数巻になっているものが一般的です。

こうした都道府県史も大枠を捉えるにはよいのですが、いかんせん範囲が広すぎます。

ほとんどの市区町村で「所沢市史」「上越市史」といったものが、やはり1巻千ページ程度で数巻〜十数巻あるものが発行されています。

都道府県史に比べると、ぐっと範囲が狭まり、自家の先祖やその地域の暮らしぶりに迫れます。

しかし、実際にはもっと狭い範囲の郷土史が刊行されている可能性もあります。

たとえば、先の丸山家の居住地の自治体の変遷でいえば、『長岡市史』も有益ですが、それ以前のもっと狭い範囲の自治体名だった頃の郷土史があれば、さらにベストです。

実際、『日越の大地』（日越地区連合町内会）という町内会が製作した郷土史が発行されていました。「日越」というのは、長岡市になる前の、より小さな自治体であった「日越村」のことです。こちらには、同じ地域に本籍地があった祖母の家についての詳しい記載もあり大変参考になりました。

どんな郷土史が存在しているかは、まずは国会図書館のサイトで検索をかけてみるのがお勧めです。国会図書館には、日本各地の郷土史がほとんど所蔵されています。

その際、地名辞典から拾い出した自家の本籍地を管轄する自治体の変遷が役に立ちます。

「〇〇村」「〇〇郡」「〇〇市」で検索をかけてみます。

原則的には、村名の後ろに「史」を付けて「〇〇村史」で検索をかけるのですが、たまに「史」ではなく『〇〇村誌』というタイトルになっている場合もありますので注意が必要です。

また、先の『日越の大地』のように、「史」も「誌」も付いていないタイトルのものもあります。この場合、「日越村史」というキーワードで検索してもヒットしません。

ですので、ネット上の検索だけでなく、当該市役所に電話をして教育委員会など郷土の歴史に詳しい部署で「旧○○村のことを調べているのですが、参考になる郷土史を教えていただけませんか」と確認もしたいところです。

こうして、読むべき郷土史を確定していきます。

次に郷土史の「戸長」「区長」に注目する

郷土史は全巻合わせると1万ページを超えるようなものも珍しくありません。

さすがにその全てを読み込むのは現実的ではありません。

しかし、慣れていないといったいどこから読んだものか？　どこに先祖探しのポイントがあるのかが分からないと思います。

そこで、いちばん効率的で先祖探しに役立つ郷土史の読み方をお教えいたします。

郷土史の多くは、時代ごとに「古代」「中世」「近世」「近代」「現代」と分けられて記述されています。

この中で真っ先に読むべきは近代編（明治初期〜昭和初期頃まで）です。

郷土史が数冊にわたる場合は、「近代編」の巻を手に取りましょう。1冊で完結している郷土史の場合は目次を見て、近代について触れている箇所を開きます。

おそらくは、戊辰戦争が終わり、日本が近代化していく課程が描かれていることでしょう。

しかし、先祖探し的にいえば見るべきは「戸長」「区長」といった記述です。

江戸時代中は村の中の長は「庄屋」「肝煎」あるいは「名主」と呼ばれていました。現在の自治会長のようなものですが、この当時の権威たるやとても現在の自治会長の比ではありません。

また、庄屋等の村のリーダーの下には「組頭」「百姓代」などと呼ばれる村役人が置かれていました。これら村役人は上層農民であり、前にも少し触れましたが、戦国期に由緒ある武家であったケースがほとんどです。

そして、明治維新を迎えるとこれら庄屋・名主・組頭等の呼称は消えて、「区長」「戸長」「副戸長」といった役職に代わります。

江戸から明治へ時代は大きく変わりましたが、全てがいきなり近代化した訳ではありません。地域社会には江戸時代から変わらぬ格差、身分意識はそのまま存在していました。

明治時代になったからといって、それまで下層にいた家の当主がいきなり戸長に就くことはありません。やはり、それまで庄屋、村役人を務めたような家がそのままそうした役職に就いているケースがほとんどです。

そうなりますと、近代編でそれぞれの地域（自家が本籍地を置いていた場所）の区長、戸長がどんな名字だったのかを知ると、その地域における名士の家というものが見えてきます。

もちろん、江戸時代中からずっと同じ場所で暮らしてきた家の場合には郷土史を見るまでもなく、昔からの地元の名士の家はどこであるか、また、自家の位置付けなどは分かっていると思います。

しかし、明治以降に転籍や分家で現在は違う場所に住んでいるという場合には、こうした郷土史ではじめて昔の居住地の家ごとの力関係を知ることになります。

ある案件で、埼玉県内に居住されている方の依頼を受け、まずは戸籍を可能な限り取得しました。

その結果、明治時代まで遡ると同じ県内の別の市域に居住していたことが分かり、その市の郷土史を見ていきました。

そうしたところ、郷土史の近代編で、ご依頼人の高祖父のお名前がそのまま村の副戸長として掲載されていました。その副戸長の家から依頼人の家は分家して現在に至っているのですが、依頼人の方はそのような事実も全くご存知ありませんでした。

その地域には現在も本家がそのまま残っていたのですが、明治時代に分家して他地域で暮らし始めているような場合には、平成の現在では交流もなく、そのようなことも全く分からないというのが実情といえます。

この時点で、依頼人の家は明治時代には村の名士であったことが分かりました。実際に調査を進めていき、明治期に副戸長を務めていたこの家は江戸時代中には組頭を務めた上層農民であり、非常に広大な屋敷に住まわれていたのです。

このご依頼は、江戸時代後期まで遡るという契約でしたので、それ以上の調査はしておりませんが、おそらくは戦国期まで遡ると埼玉県内に城を構えていたいずれかの戦国武将に仕えていた武家であると想像されます。

このように、戸籍に出てくるご先祖様本人がそのまま郷土史に登場することもあるのですが、そうでない場合でも同姓、つまり、自家と同じ名字の家が戸長等の役職に就いていないかを確認してみましょう。

明治初期に同じ村内（現在の大字名に相当する範囲）で同姓の場合、かなりの確率で同族であると考えられます。現在であれば同じ地域に同じ名字があっても、どこか別の土地から引っ越してきたケースも多く、それだけで同族とは判断できません。

しかし、私はこれまで戸籍の範囲を超えた家系調査を数多くやってきましたので、明治初期の同一村内の同姓はかなりの確率で同族であるといえます（幕末か明治初期に分家しています）。

そうすると、自家のご先祖名そのものでなくても、同姓の家が村の要職に就いている場合、自家はその分家である可能性が高いと考えられます。

城下町では明治期から「村」ではなく「町」となっていますが、やはりその町の戸長等を見ていくとその地の有力家が明らかになります。

武家屋敷があった地では、その町に住んでいる大半が士族となっていますが、その中でも要職を務める家は当然に江戸時代中から家格が高い上級武士である可能性が高いといえます。

尚、郷土史には必ず近世編（江戸時代）がありますが、そこでも村の庄屋の名前などが出てくるかもしれません。しかし、明治期のものと違い名字が記載されていませんので、それをいきなり見ても、その地における家格はなかなか判断がつきません。ですから、何はともあれ、まず近代編を手に取る必要がある訳です。

郷土史で知る大事件、小事件

近代編で自家の名字をチェックし終わりましたら、あとは興味の赴くまま郷土史を読んでみましょう。

中世編（鎌倉〜戦国時代）には、その地域の豪族（地元で勢力を持った氏族）についても触れられていると思います。自分と同じ名字の豪族が中世の頃に活躍しているとなると、がぜん何らかの関わりがあるような気がしてきます。

また、日本史に残るような出来事が意外と先祖の本籍地の傍で起きていることに気がつきます。

幕末、幕府軍は新政府軍に江戸城を無抵抗で明け渡し無血開城が実現されましたが、実際には不満を抱えた旧幕府勢力は東北、北海道へと追い詰められながらも戦いを続けていきました。いわゆる戊辰《ぼしん》戦争です。

新撰組副長の土方歳三も幕府軍として函館・五稜郭まで転戦し、最後は討死を遂げています。

明治期の本籍地が東北・信越地方の場合には、ご先祖様はこの戊辰戦争を目の当たりにしているかもしれません。

ある案件で、新潟県の某市の郷土史を読んでいましたら、依頼人の先祖が住んでいた村では幕府軍として農民からも徴兵がされていたことが分かりました。村人も当然に幕府軍の応援をする義務があります。

しかし、実際に新政府軍が迫った時に、その兵力の違いを事前に情報として得ていたために、すぐに村を挙げて新政府軍に寝返ったそうです。

現地調査の結果、依頼人の菩提寺を拠点として村人たちが新政府軍の荷物運びを手伝ったという事実が分かりました。もし、いつまでも幕府寄りの態度を変えずにいたら、新政府軍の攻撃を受け、子孫や家を残せなかったかもしれません。素早い判断でこの地域は戦火を免れたともいえますので、その判断を下した人は大きな功績です。

戊辰戦争は非常に広範な地域を巻き込んでいますので、たとえ武士でなくてもご先祖がそこに何らかの形で関わっていることが多いといえます。

このように、日本史に残る大事件もさることながら、郷土史にはその地域ならではの小さな事件も描かれています。

私の先祖の地では、たびたび農民同士で川の流れを堰き止めただの、流れを変えただので村同士が鍬を持っての大規模な乱闘騒ぎがあったようです。それはそうです。農業を行う上で水の流れは死活問題ですから。

こうした中に、我が丸山家の当主もいたはずです。そうした喧嘩沙汰も含めて先祖は必死に生き抜き、今まで家を存続させてくれたのですから有り難いことです。

郷土史から先祖が関わった大事件、小事件を読み取っていただきたいものです。

地域別、幕末・維新の大事件一覧

古い戸籍まで取得していくと幕末から明治維新を生きた先祖のことまで出てくる可能性が大です。それらの先祖が生きた時代の大事件を参考までに挙げておきます。自身の先祖がそれらの事件の模様を目の当たりにしている可能性もありますので、自家が幕末・維新に本籍地があった「地域」に着目してみてください。

これらは、何十代も前の先祖の話ではなく、わずかに自身の三〜四代程度前の先祖が出くわした事件です。年代にしてもたった150年ほど前ですから、「最近の話」ともいえる訳です。

◆戊辰戦争（京都・大坂〜江戸〜北関東〜東北〜函館）

大政奉還が行われても、実際には倒幕の中核である薩摩・長州勢と幕府軍の戦いが続きます。

慶応4年（＝明治元年　1868年）に鳥羽・伏見でその戦端が開かれました。

この戦いで「錦の御旗」を掲げられ朝敵とされた最後の将軍・徳川慶喜は本拠としていた大坂城を、味方にも内緒で脱出。江戸に戻ってしまいます。

その後、薩摩・長州を中心とした新政府軍は江戸への攻撃を画策します。

この時点で、東海地区の各藩は新政府軍に降伏・恭順を示しており新政府軍は楽々と江戸に迫ります。勝海舟と西郷隆盛の会談により慶応4年4月11日、江戸城は無血開城を実現しますが、納得のいかない旧幕府勢力と奥羽越列藩同盟の戦いが江戸から北へ北へと向かいながら翌年まで続いていきます。

この戦争の中での主だった動きを134ページに示しましたので、ご覧ください。

この当時に北関東から東北各国・越後国に本籍地を置いていた家の先祖は、この戊辰戦争で燃え盛る城や行軍する両陣営の兵士を目の当たりにしていた可能性が高いです（実際、農民でも徴兵されたり、戦の手助けをさせられているケースも多いです）。

自家のご先祖様たちは、いったいどんな想いでその様子を見守っていたのでしょうか？

先祖が見た戊辰戦争（1868年）

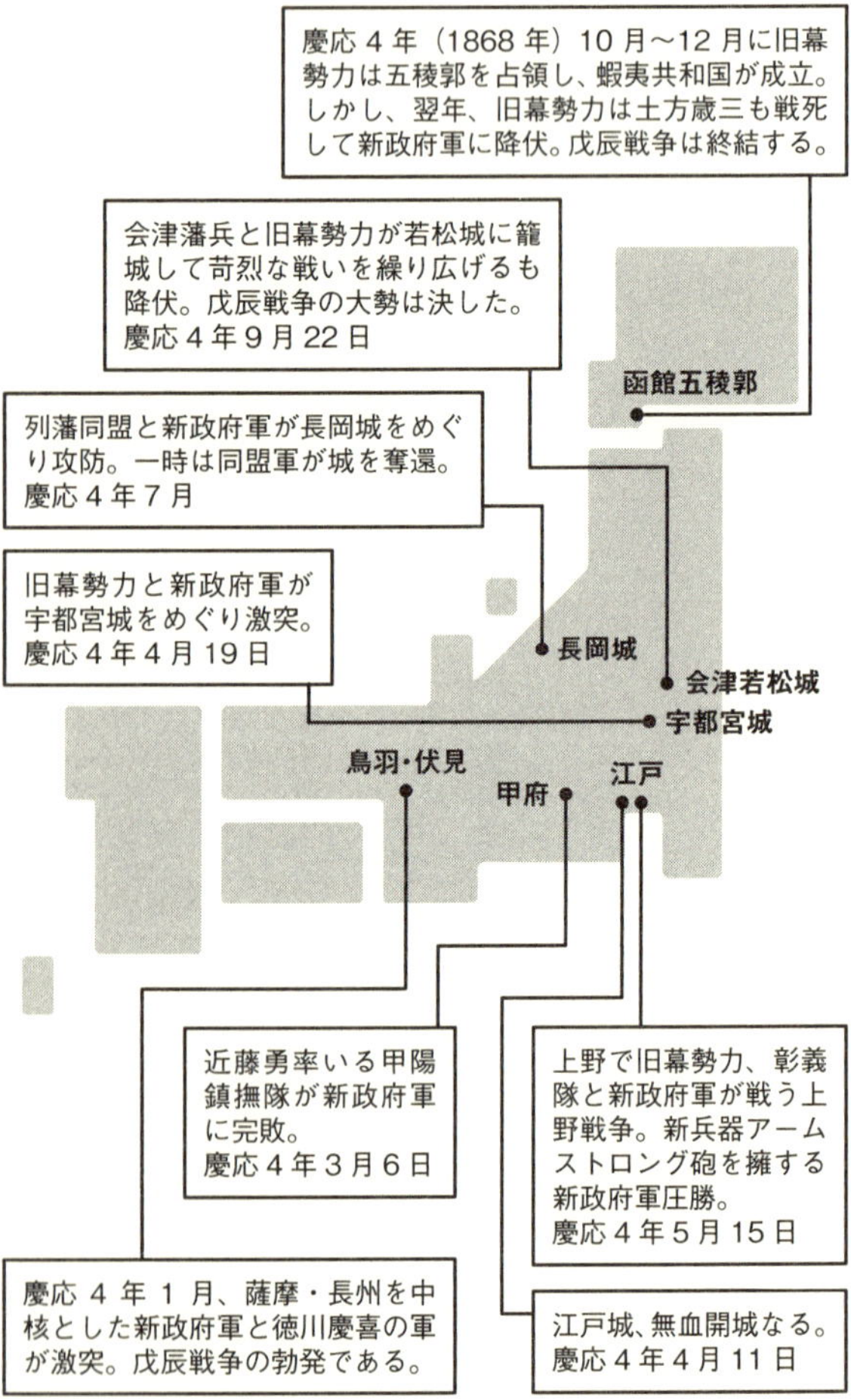

慶応４年（1868年）10月～12月に旧幕勢力は五稜郭を占領し、蝦夷共和国が成立。しかし、翌年、旧幕勢力は土方歳三も戦死して新政府軍に降伏。戊辰戦争は終結する。
会津藩兵と旧幕勢力が若松城に籠城して苛烈な戦いを繰り広げるも降伏。戊辰戦争の大勢は決した。慶応４年９月22日
函館五稜郭
列藩同盟と新政府軍が長岡城をめぐり攻防。一時は同盟軍が城を奪還。慶応４年７月
旧幕勢力と新政府軍が宇都宮城をめぐり激突。慶応４年４月19日
長岡城
会津若松城
宇都宮城
鳥羽・伏見
甲府
江戸
近藤勇率いる甲陽鎮撫隊が新政府軍に完敗。慶応４年３月６日
上野で旧幕勢力、彰義隊と新政府軍が戦う上野戦争。新兵器アームストロング砲を擁する新政府軍圧勝。慶応４年５月15日
慶応４年１月、薩摩・長州を中核とした新政府軍と徳川慶喜の軍が激突。戊辰戦争の勃発である。
江戸城、無血開城なる。慶応４年４月11日

◆皇女和宮降嫁

幕末、朝廷と幕府の関係が悪化する中で、その修復のために14代将軍・徳川家茂《いえもち》の正室として皇女の降嫁《こうか》が幕府側で画策されました。いわゆる公武合体策です。

そして、公明天皇の妹・和宮《かずのみや》の降嫁が実現しました。

はじめは武家に嫁ぐことを嫌がっていた和宮でしたが、結果として家茂と親密な関係が結ばれたことは有名な話です。

ところで、江戸へと向かう和宮一行の盛大さは現在の感覚ではとても考えられないものでした。江戸を目指すルートには中山道が選ばれました（東海道の方が早そうですが、警護のしやすさ、川の増水による足留めを嫌ったと思われます）。

文久元年（１８６１年）10月20日、桂御所を出立したその一行は、警護の者などを含めて実に３万人余り、行列は50㎞にも及んだといいます。一行の先頭から末尾までが通り過ぎるのに４日かかったといいますから、そのルートにあたる土地では大騒ぎになりました。

万一のことがあっては公武合体どころか朝幕関係が破綻しかねませんから、その警護たるや厳重で、見物などはもっての他。街道沿いの家々は外出禁止。二階の雨戸から覗き見

中山道

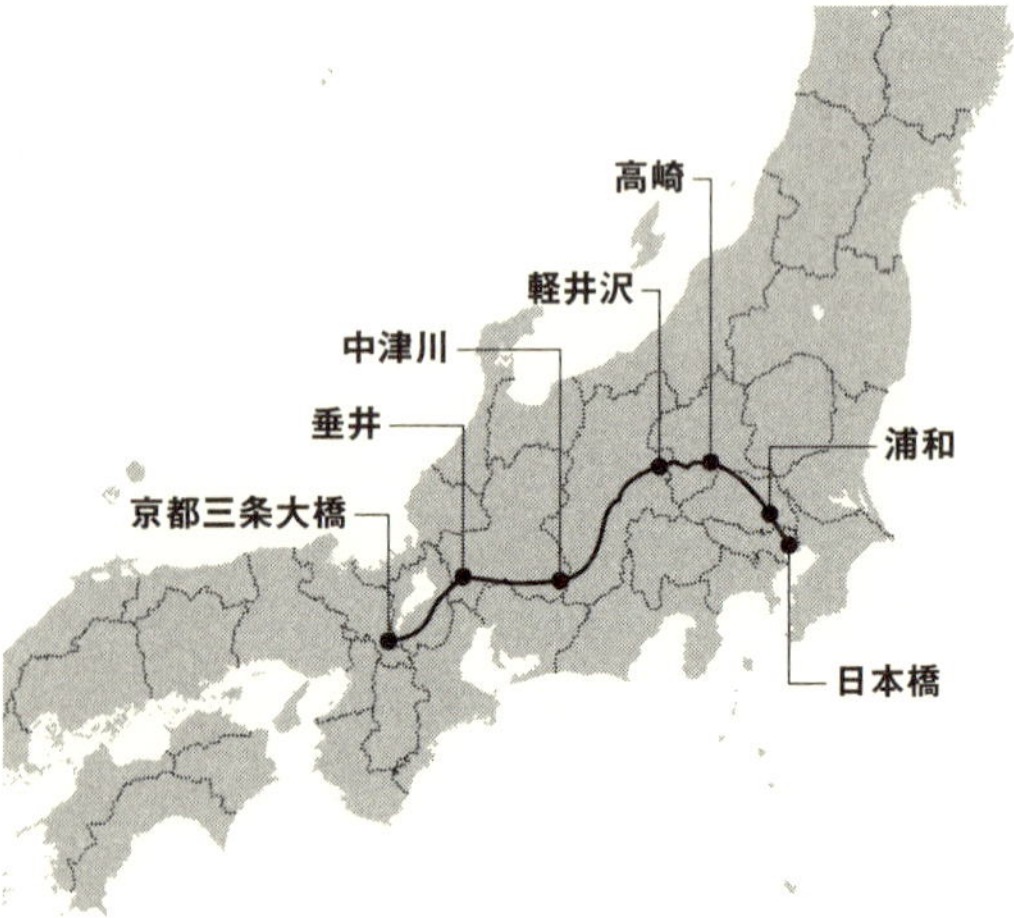
高崎
軽井沢
中津川
垂井
浦和
京都三条大橋
日本橋

するような行為も禁止され、犬猫、赤子も泣かせてはならないというお達しが出たほどです。

もちろん、事前準備のため街道沿いの村々では強制的な労働もさせられました。

ましてや、街道筋で和宮を宿泊させる旅館をやっていたら、警護のための改装や京風に部屋を造りかえるなど、とてつもない出費と緊張感を強いられたことでしょう。

郷土史を読むと、ルートにあたっていた村々の大騒ぎがよく分かります。

11月15日、和宮は江戸城内に入り、約一カ月をかけたこの大イベントは無事に終了します。

しかし、いくら外出禁止、覗き見禁止とい

って も、一目見てみたいと思うのが人情。自家の先祖もそっと戸板の陰から皇女一行の様子を覗いたのではないでしょうか？

１３６ページに中山道のルートを掲載しておきます。

◆天狗党事件

水戸藩内外の尊王攘夷派により結成された天狗党。

武士だけではなく、賛同する農民も取り込み千人の大組織になっていきますが、その一方、栃木町等で起こした乱暴狼藉により評判も落とし、やがては幕府から追討令を出されるに至ります。天狗党が通るルートの町・村では、天狗党による献金の強要・宿泊施設提供の強要に頭を悩ませていました。

那珂港で水戸藩との戦いを繰り広げるなど、北関東で騒乱を起こし疲弊しながらも天狗党は大子村（現茨城県大子町）に千人余りが結集し、朝廷へ尊王攘夷の志を伝えるべく決死の覚悟で京を目指します。

道中では幕府の命を受けた諸藩と合戦に及び、また雪山での行軍・野宿に苦しめられながらも越前国（福井県）新保までたどりつきますが、加賀藩兵などにより鎮圧されます。

天狗党の主なルート（1864年）

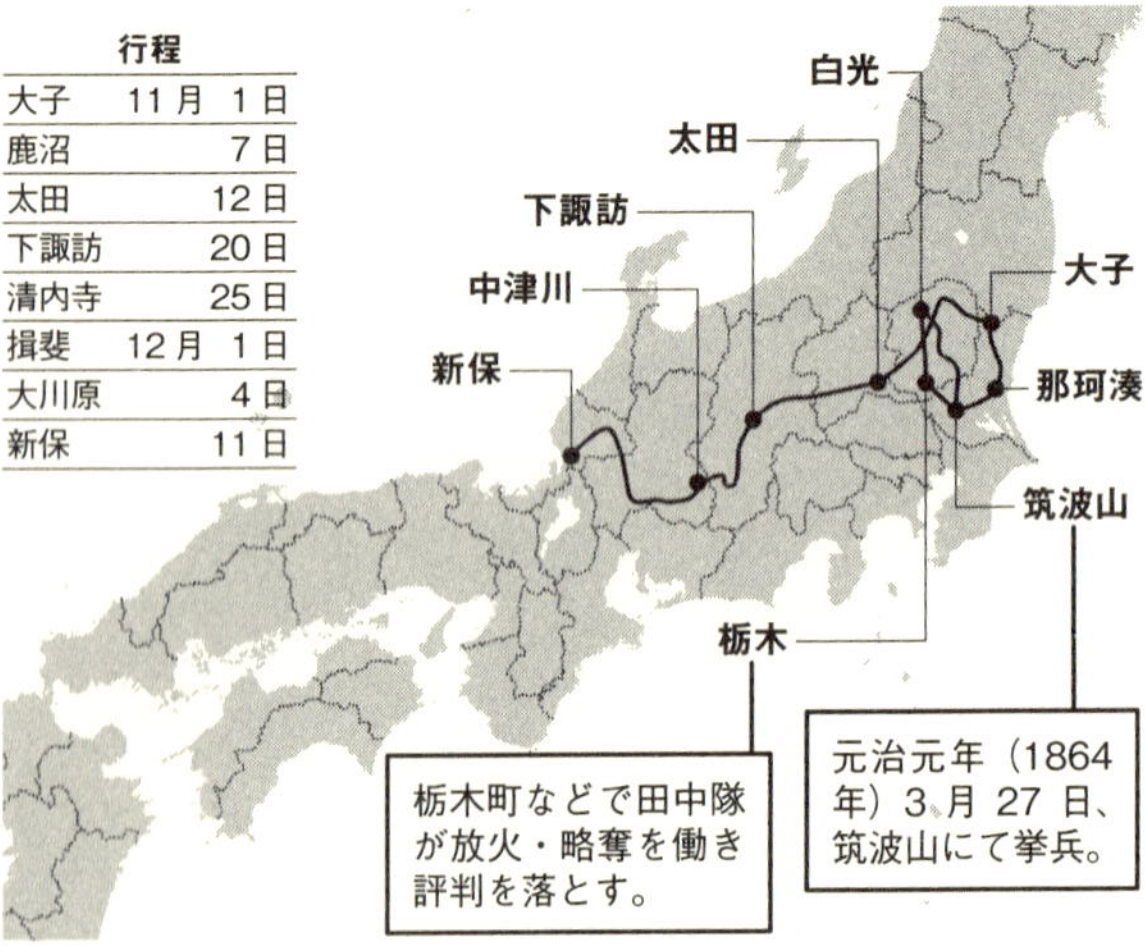
白光
太田
下諏訪
中津川
新保
大子
那珂湊
筑波山
栃木
栃木町などで田中隊が放火・略奪を働き評判を落とす。
元治元年（1864年）3月27日、筑波山にて挙兵。

行程	
大子	11月 1日
鹿沼	7日
太田	12日
下諏訪	20日
清内寺	25日
揖斐	12月 1日
大川原	4日
新保	11日

そして、一行のほとんどが死刑等の苛烈な処分を受けることとなりました。

農民に対しても天狗党を手助けしないよう命令が出されていましたので、天狗党が通ったルートの村々は非常に緊迫した状態に置かれたことでしょう。

この当時、水戸藩領では農民であっても尊王攘夷思想を持つ人は多く、天狗党に加担して結果的に農民でありながら戦死しています。明治期になってのち、この騒乱で死亡した尊王攘夷派の農民の氏名までよく記録されていますので、日立市・水戸市域に先祖が住んでいたという場合には、そうした記録も調べてみると面白いでしょう。

西南戦争（1877年）の主な戦闘地域

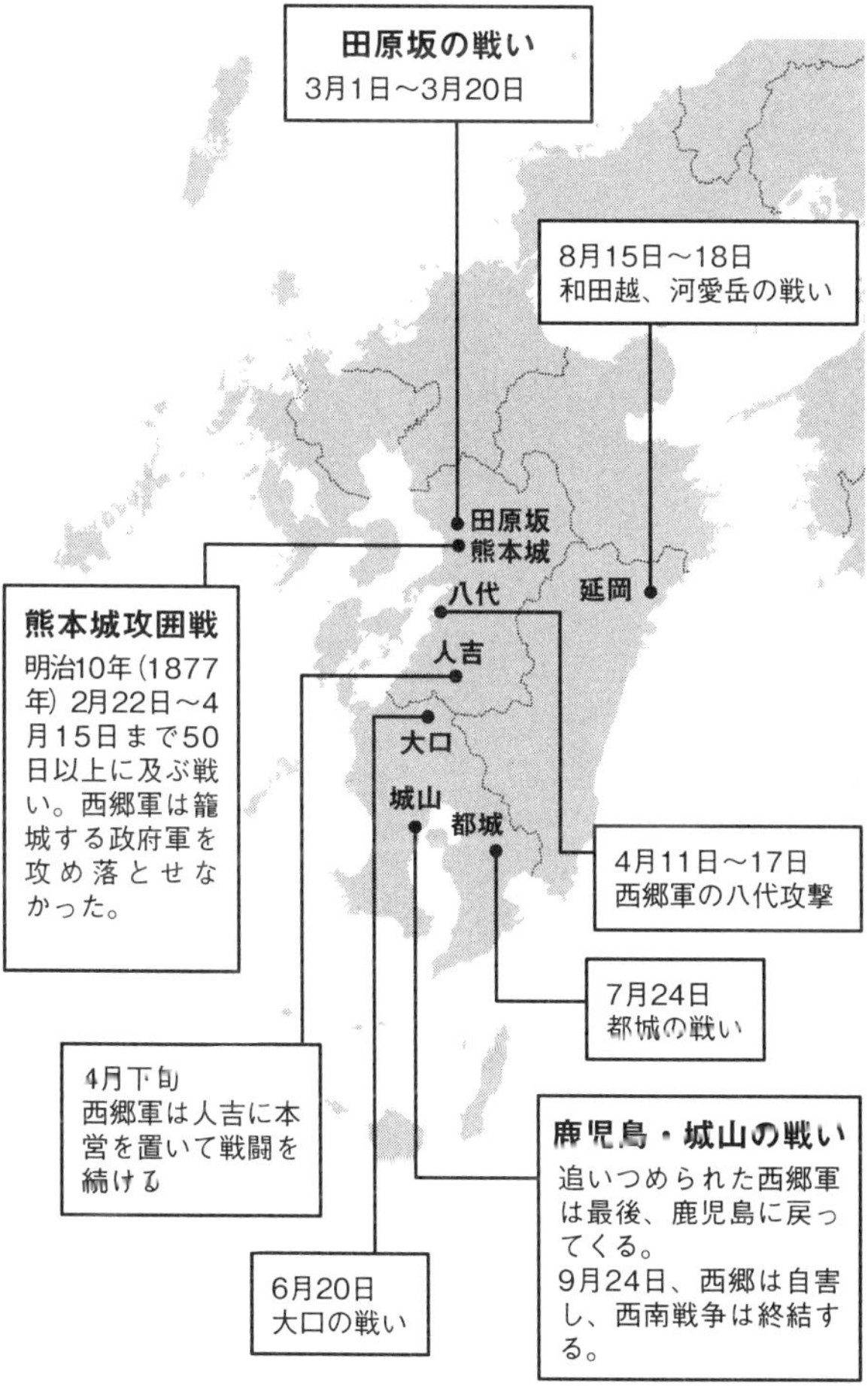
田原坂の戦い
3月1日～3月20日
8月15日～18日
和田越、河愛岳の戦い
田原坂
熊本城
八代
延岡
人吉
大口
城山
都城
熊本城攻囲戦
明治10年（1877年）2月22日～4月15日まで50日以上に及ぶ戦い。西郷軍は籠城する政府軍を攻め落とせなかった。
4月11日～17日
西郷軍の八代攻撃
7月24日
都城の戦い
4月下旬
西郷軍は人吉に本営を置いて戦闘を続ける
鹿児島・城山の戦い
追いつめられた西郷軍は最後、鹿児島に戻ってくる。
9月24日、西郷は自害し、西南戦争は終結する。
6月20日
大口の戦い

◆西南戦争

倒幕の主力であった薩摩武士たちも、結果的に自ら「武士の時代」を終わらせた形になった訳で、明治維新後、不満を持つ士族が満ち溢れるようになります。征韓論に敗れ鹿児島に戻っていた西郷隆盛は、そうした不平士族に担がれる格好で西南戦争を引き起こします。

139ページの通り、熊本県・宮崎県・大分県・鹿児島県と、まさに九州全土を一巡するかのような壮大な内戦劇は追いつめられた西郷の自害によって幕を閉じ、武士の時代はここに完全に終結しました。

追いつめられた西郷軍は、政府軍が占拠していた鹿児島に強行突破の上に戻ってきました。この時に多くの民衆が政府軍の武器を奪って西郷軍に手渡すなどしたといいます。

先祖が鹿児島だった家は、どんな想いでどのような行動を取っていたのでしょうか？

◆池田屋事件（京都）

幕府方の警察組織であった「新撰組」の人気は非常に高いものがあります。

近藤勇、土方歳三、沖田総司など多彩なキャラクター。沈みゆく「幕府」という組織に属し、時代遅れになりつつある日本刀で武士として戦うことにこだわり続ける彼らに「滅びの美学」を感じるからなのかもしれません。

しかし、実際に彼らが活躍した京都の町は尊王攘夷の本拠地でもあり、幕府方の新撰組にはあまり好意的な目は向けられていなかったようです。

そんな京の人々を震撼させたのが、元治元年（１８６４年）７月８日に起きた「池田屋事件」です。

同日夜、京都三条木屋町にある旅館・池田屋で二十数名の尊攘派志士が謀議しているところへ新撰組の近藤勇、沖田総司、永倉新八、藤堂平助の４名が斬り込みました（後に土方歳三隊も到着）。少人数ながら剣の達人ゆえか新撰組は一人も死者を出さずに、尊攘派志士の多数を討ち取りました。

新撰組が池田屋の現場を離れ、壬生の屯所へと引き上げたのは夜が明けてからのため、噂を聞き付けた京の庶民が多数駆けつけ、池田屋から壬生の屯所までの沿道は見物人で埋め尽くされたといいます。

この時、新撰組隊士の刀は折れ曲がり鞘に収まらないため、血糊がべっとり付いた日本刀を肩に担いで凱旋することになり、見物人はその凄惨な様子に恐れおののいたといいます。

もし、この時代に先祖が京の中心街に本籍地を有していたならば、この壮絶な新撰組の凱旋パレードを肝を冷やしながら見送ったことでしょう。

◆堺事件（大坂）

慶応4年（明治元年　1868年）2月、和泉国《いずみのくに》（大坂）堺で土佐藩士がフランス人11人を殺傷した事件です。

この事件の最も有名なエピソードは、その責任を取らされた土佐藩士たちが切腹した際の凄みです。

現在の土佐稲荷神社（大阪市西区北堀江）で切腹する者を籤引きで決めて（このエピソードも凄いですが）、その後、妙国寺（堺市堺区材木町）で実際にフランス側立会いのもと次々と切腹が行われました。

そして、切腹する藩士の中には腹を掻き切った後に自らの内臓を掴みだし、フランス側の立会人に投げつける者もあったといいます（実際、中世の頃から切腹の際には腹を十字に切り、自らの内臓を掴みだすところまで行う事例が多く見られます。それが、武士としての武勇を示す行為となっていたようです）。

あまりの壮絶さに、フランス側の要請でこの切腹劇は中止となったほどです。

現場の寺には立ち入り禁止ながら、やはり周りには大群衆が見物人として詰めかけて大騒ぎになっていました。

先祖の本籍地が大阪市内であれば、きっと妙国寺に駆けつけていたのではないでしょうか。

第四章

菩提寺と墓石で江戸・明治期の自家の歴史をひもとく

不名誉な事柄も寛容に受け止めよう

前章までの戸籍取得や郷土史・地名辞典の閲覧は、ほとんど自宅近辺でできる調査方法でした。ここまでやるだけでも、今までに知らなかった自家のルーツやご先祖様の暮らしぶりがだいぶ身近に感じられるようになることと思います。

しかし、せっかくここまできたら、さらに２００年、３００年、そしてできれば千年の昔まで自身のルーツを解明したくなりませんか？

ここからは、それを実現するための非常にディープな調査方法に入っていきます。実際に現地に赴き、現地でしか得られない情報を収集していきます。私が仕事として毎日行っていることを皆さまにも体験していただきたいのです。

非常に手間も労力もお金もかかることではありますが、自分がどのような歴史の元に今ここに存在しているのか、自分という存在を生み出してくれたご先祖様たちはいったいどのような苦労を重ねて今日まで自家を存続させてくれたのかを知ることは、お金には代えがたい豊潤な精神の豊かさをもたらしてくれます。

もちろん、千年という気の遠くなるような時間をつないできてくれた先祖の生活は「きれいごと」だけでは済まなかったかもしれません。

古い記録を読み解いていった結果、一揆を扇動した罪で処罰されているという事実に出会うかもしれません。武士であれば切腹を申しつけられていることだってありえます。

しかし、それが人の営みというものでありますし、一揆を扇動したのは家族を守るためであったからでしょう。そうした不名誉な事柄も含めて寛容に受け止め、ご先祖様に感謝をする気持ちがなければなりません。

現地調査を行うということは、戸籍の範囲である明治時代を超えてブラックボックスともいえる江戸時代やそれ以前にまで手を突っ込んで忘れ去られた事実を掘り起こす作業です。戸籍には無味乾燥なデータしか並んでいませんが、そこを超えた途端に急に生々しい現実をも見ることになります。何が出てきても、それを慈しむ度量が求められます。

そもそも、何が「善」で何が「悪」かは時代によっても異なります。

織田信長は、大量虐殺を行った殺人鬼ともいえますし、そうした負の部分も引きうけて天下統一を果たし国内に平和をもたらそうとした英雄ともいえます。

全ては時代ごとの価値観であり、現在の感覚で判断すること自体が私たちの傲慢な態度といえるかもしれません。

もちろん、調査を進めていく中でご先祖様の功績（飢饉の時に私財を投じて村人を困窮から救った。藩の財政がひっ迫している中で、一藩士が温泉事業を始めて財政難を救った等）に出会うこともあるでしょう。

良いことも悪いことも含めて、その結末として今ここに自分が存在している。そんなおおらかな気持ちで、いざ千年の時間旅行に出かけてみましょう。

まずは同姓宅に手紙を出すところから始めよう

さて、現地調査のメイン作業は、戸籍取得で判明した自家の最古の本籍地周辺にある墓石や菩提寺の記録、村の古文書類を読み解くことです。

しかし、いきなり現地を訪れたり、お寺にアプローチをしたりする前にやるべき作業があります。それが、同姓宅へ手紙を出すことです。

もちろん、自家が江戸時代中から現在までずっと同じ場所に居住しているという場合には必要ありませんが、明治時代以降に分家（あるいは転籍）をしていて、現在は最古の本籍地と縁もゆかりもないという場合にはこの同姓宅への手紙が重要になってきます。

もし、最古の本籍地には現在、縁がないという場合には、そもそも当時の菩提寺がどこであるかも分からなくなっているはずです。最古の本籍地に先祖の墓がある確率が高いにしても、それがどこにあるのか見当がつかないでしょう。

それを、いきなり現地に赴いて飛び込みで探し始めるのは効率が悪いといえます。

それよりも、電話帳で最古の本籍地の辺りに同姓の家がないかを探して手紙を出すことにより、自家の昔の菩提寺や墓の位置が簡単に判明する確率がぐっと高くなります。

なぜなら、自家の最古の本籍地周辺にある同姓宅は、どこかで自家とつながる同族である可能性が高いからです。

そうした家に手紙で問合せ、協力を得られれば調査の効率は極めて良くなります。

いいえ、実は「効率」以上に重要なことは「礼儀」なのです。

逆の立場で考えてみましょう。自身が昔からその場所に住んでいる家の現当主だとして、幕末や明治期に自家から分家して今は遠い場所に移り住んでいる見ず知らずの人が、何の断りもなく自家の墓を見てまわり写真を撮り、菩提寺にいきなり訪ねて自家の先祖の記録を写していったりしたらどうでしょう？

たとえ、先祖探しという咎められるべきものでない行為だとしても、勝手にやられるのはあまり気分の良いものではありません。

それよりも、予めきちんと主旨を説明して、諸々の許可を取って調査を進めた方が良い結果を得られるのは自明のことです。

菩提寺の調査でも、現地の本家が協力してくれている場合とそうでない場合ではお寺の対応も全く異なってきます。

単に効率という意味だけでなく、現地の同姓宅に主旨を伝えて挨拶をするのは最低限の礼儀といえるのです。そして、それが結果的に調査の効率・精度も高めてくれるという訳です。

戸籍の範囲を超えた調査を思い立ったら、まずは現地の同姓宅に手紙を書くのだと覚えておきましょう。

では、実際どのような手紙を書けばよいのでしょうか？

ポイントは二つです。

一つは先にもお話ししました通り、調査の主旨をきちんと伝え、ご協力をお願いする文面を書くことです。こちらはあくまでお願いをする立場であることを忘れず、礼節を尽くした文面にする必要があります。先祖探しに対する貴方の想いなども書き添えたいところです。

そして、もう一つのポイントは適切なヒアリング項目を設定することです。

私が仕事として同様の手紙を出す場合には、必ず返信用封筒（もちろん切手貼付）を同封し、かつ「ご回答書」というものを入れています。

この回答書に記載していただき返信をお願いする形をとります。

質問内容はケースバイケースで若干異なりますが、153ページの図の「1．貴家と私の家はご先祖様がつながりますでしょうか？」については、それを判断していただくために手紙の中に戸籍取得により判明した自家の家系図を同封する必要があります。

旧家の場合には、墓や位牌で古い先祖名まで把握していることも多く、あなたが同封した家系図の江戸〜明治期の先祖名を見れば先祖が同一かどうか判断できることも多くあります。

もし、これによりその家とつながることが分かり、かつ、そちらの家に協力をしていただければ家の位牌や過去帳の記録から、あっさりと戸籍よりも上の代の先祖名まで判明することもあります。

ですから、こちら側の家系図同封と「1」の質問は非常に重要です。

「2」の菩提寺と家紋についても必須項目です。

「1」の質問について不明であるとの回答になることが多くあります。江戸時代の前〜中期に分家していたりすると、実は同族であっても先祖名の照合ができずに不明という回答になってしまうのです。

そんな時には、家紋が同じか異なるかということが重要になります。第一章でも説明いたしましたが、家紋というのは絶対ではないが大いに参考になるものです。同じ地域で同姓で家紋まで同じであれば、ほとんど同族であると推測できます。

そして、もし同族である場合には菩提寺を教えていただければ、その寺が自家の昔の菩提寺でもあるということです。

そうしましたら、そこからそのお寺にアプローチをして（手紙を書いて）さらに調査を進めていくことができます。

最後の「3．その他、どんな些細なことでも参考になることがありましたら、お教えいただけると幸いです」という項目を用意しておくと、こちらが思いもよらない情報（戦国期には○○大名の家臣だったらしい、平氏の落人である等）が得られることがありますので、入れておきたいところです。

返信をいただいた方には、（たとえ有益な回答でなかったとしても）一件一件、丁寧に

「回答書」の作成例

＊大変お手数ですが、ご返信いただければ幸いです

ご回答書

1. 貴家と私の家はご先祖様がつながりますでしょうか？

2. お差し支えなければ貴家の「菩提寺」と「家紋」をお教えいただけないでしょうか？

・菩提寺…

・家紋…

3. その他、どんな些細なことでも参考になることがありましたら、お教えいただけると幸いです。（江戸時代中の職業、名字に関わるエピソード等なんでも）

ご記入者　ご芳名

お忙しい中ご協力をいただきまして、ありがとうございます。

礼状を出しましょう。

また、明らかに自家とつながると思われる家や、有益な情報を持っていそうな方には、さらにご協力をいただけないかを打診しておくとよいでしょう。地元の方の協力のあるなしで調査の質は大きく変わってきますので。

菩提寺の過去帳からご先祖様名が分かる

それでは、ここからはかなり実践的な調査ノウハウです。

前項のように同姓宅への手紙を駆使して、自家の昔の菩提寺を見つけることが第一歩といえます。菩提寺が分かれば、そこに自家の先祖の記録が眠っている可能性が大です。

しかし、一つ気をつけたいことがあります。

お寺に対しても重要なのが「礼儀」です。

お寺は、先祖探しに対して協力する義務がある訳ではありません。また、現在は付き合いがなくなっているお寺であれば、貴方からのアプローチに対して「先祖探しといっているが、実は変な身元調査ではなかろうか？」などと警戒されるのも致し方ないところです。

そもそも、過去帳というのはみだりに外部の人に閲覧させるようなものではありません。

あなたが信頼をされなければ、お寺の協力を得ることは難しいでしょう。

理想的なのは、まず現地に残る同姓宅（つまり、自家の本家にあたる家）の現当主に信頼していただくこと。そのうえでその方からお寺のご住職に紹介をしてもらうことです。

特に昨今は「振り込め詐欺」などが横行し、知らない人からのアプローチは本当に警戒されます。全ては信用を得ることから始める、ということを忘れないようにしたいものです。

さて、無事に昔の菩提寺の協力を得られたとして、ここから過去帳等の記録でご先祖を遡っていく訳ですが、そのためにはやはり基礎的な知識が必要になります。

昨今では自家に「過去帳」を持っている家も少なくなってきましたので、過去帳って何？　という方もいます。

過去帳というのは、お寺の檀家の死亡記録と考えれば分かりやすいでしょう。

お寺では法要を行う、あるいは日々の供養のために檀家の死亡記録を付けておく必要があります。現在であればパソコンで檀家の管理をしているお寺もありますが、江戸時代や明治時代であれば手書きで行い、帳面にしています。

それを「過去帳」と呼びます。

ただし、この過去帳というのは原則として「家ごと」にはなっておらず、全檀家の死亡記録が混在しているものです。過去帳の付け方に決まりがある訳ではありませんが、その記載の仕方は大きく二つに分かれています。

一つが、とにかく年代順、死亡した順にひたすら記録を付けていく方法です。

また、もう一つの方法として、死亡した「日」ごとに書き付けていく方式があります。「日ごと」の場合は、いつの年代であっても「3日」に亡くなった人をひとまとめにして書いていきますので、延享4年3月3日に亡くなった人も昭和23年5月3日に亡くなった人も同じページ内に記載されていきます。

お寺によっては、明治・大正・昭和になってから古い江戸時代中のものを転記しなおして新しくしている場合もありますが、大体は記載された当時のまま現存しています。

私などは毎週のようにどこかのお寺の過去帳を開かせていただいていますが、元禄年間（1688〜1703年）の過去帳を開くとムワッと少し黴た匂いが立ち込めます。もちろん、元禄年間以降にもその過去帳は開かれてきたはずですが、そこにはやはり元禄時代に書かれた文字とその空気が閉じ込められている訳です。華やかだった元禄文化の香りがそこにあるような気がするのです。

死亡順に付けられた過去帳

天保六乙末五月

一日　如寛院自光妙可信女　長浜　弥兵衛妻

三日　東善院教山優学居士　北野　与右エ門　六十五歳

七日　智念露心童女　長浜　助右エ門　娘

十日　宝林院大円清心居士　押川村　清兵衛　七十二歳

十二日　自世院善定妙和大姉　北野　与右エ門　妻

人物を特定するには屋号が大事

しかし、そうした江戸時代の過去帳をはじめて見た方はきっと戸惑うことと思います。なぜなら、そこに多くの名前が並んではいるものの、名字が書かれていないからです。先祖が武士だった家であれば名字も書かれていますが、農民や町人だった場合には「何兵衛」という下の名前だけなのです。

これでは、誰が誰だか分からないということになります。

しかし、落ち着いて見ていけば大丈夫です。

確かに江戸時代中は武士以外の庶民が名字を公に名乗ることを幕府は許しませんでしたから、過去帳にも庶民の名字は記載しないことが慣例になっていました（名字は庶民でも持っていましたが）。しかし、お寺にとっても過去帳は大事なデータベースだったはずです。その記載で、それがどこの誰かを特定できないのであればデータベースとしての用をなしません。必ず、どこの家の人物なのかが分かるように工夫されています。

では、何を根拠にどこの家の人物であるかが分かるようになっているのでしょうか？

実は、ほとんどの過去帳では名字は記載していなくても「屋号」か「小字名」のどちらかがその人物名の脇に書かれています。

日ごとに付けられた過去帳

三日

延享四年三月
真光院大海開悟居士　池前　源次郎

寛延二年十一月
慈光院円成本覚居士　貝取　五郎平

・・・・

昭和二十三年五月
智光美心童女　山本徳助　娘　サダ

現代の感覚からすると、屋号というのは商人だけが用いるもののような気がしてしまいますが、そうではありません。江戸時代中であれば農民の家でも必ず屋号というものを持っていました。

屋号の付け方の主なものは、その家の代々の当主名あるいは古い時代の先祖名を屋号とするものです。たとえば「利兵衛」というように先祖の名前がそのまま屋号になっている家が多くあります。村の中では「利兵衛のところの権左衛門」という少々ややこしい呼び方をされたのでしょうが、それで通じるのです。

また、その家がある場所の地形的なものを屋号とする場合もあります。たとえば、「浜の清助」といった感じです。つまり、そうした屋号が名字代わりになるので、名字がなくても村の生活が混乱しない訳です。

屋号ではなくその家がある小字名と名前のセットで記載されているケースも多くあります。

現在でいう大字が江戸期の「村」に相当するのが一般的ですが、その村の中にはさらに小字と呼ばれる細分化した地名が存在します。

その小字名と名前をセットで書いておけば、どこの家の人物かはすぐ分かるということです。

「黒迫（小字名）　清右衛門」

という感じです。

いずれにしても、そのような形で家は特定できるのですから、過去帳を丹念に繰っていけば、自家のご先祖も判明する確率が高い訳です。

……しかし、ここに大きな問題が一つあります。

そもそも自家の「屋号」や、自家が存在していた場所の「小字名」が分からない場合です。

もちろん、地元に残る本家の協力を得られれば、そうしたことも分かるでしょう。しかし、それでも屋号や小字名が特定できない場合はどうすればよいのでしょうか？

実はその解決方法もあります。それは、江戸時代中の過去帳だけでなく、明治時代以降の過去帳も見てみることです。

明治時代以降のものは名字も記載されていますので、自家のご先祖に関する記録も見付けやすいでしょう。そして、明治期のものであれば、そこに屋号や小字名が併せて記載されているケースが多くあります。それにより、自家の屋号、小字名も分かってくるという訳です。

まず、明治時代の過去帳で自家の「屋号」あるいは「小字名」を確認する。

そのうえで、江戸時代の過去帳を開けば、たとえ他の家の分が混在していたとしても自家の先祖の記録は浮かび上がるように見えてくるはずです。

過去帳はいつのものから存在するのか?

ところで、過去帳というのはいったい、いつの時代から存在しているものなのでしょうか?

お寺によっては戦国時代からの過去帳が存在しているケースもあります。

しかし、ほとんどのお寺では過去帳を付け始めたのは江戸時代前半の寛永年間(1624~1643年)以降からです。寛永といえば島原の乱(1637年)が起こった時代です。

この乱以降、徳川幕府のキリスト教弾圧が厳しさを増しました。以降、日本中の家々はキリスト教徒ではない証として必ずどこかの寺の檀家になることが義務付けられていきました。

その結果、国民と寺の関係は非常に密接なものになっていったのです。

そうなると、お寺としても顧客管理の重要性が生じ、過去帳をきちんと付けるケースが多くなっていきました。

ですから、保存状態がよく、かつ火災、戦災等を免れ過去帳がきちんと現存していれば、それにより江戸時代の前期までは調べられるということです。年数にして現在から数えて400年弱といったところです。

ただし、実際にはそれほど古い過去帳が残っているお寺は稀で、だいたいは江戸時代中や明治時代に火事（この頃は多い）で焼失し、そこまで古くはたどれないことの方が多いのが実情です。こればかりは、実際に菩提寺を特定してみないと何ともいえません。

ところで、こうした過去帳は原則としては公開されていないものだと書きましたが、大きなお寺の中では江戸期の過去帳の情報を出版物として公開しているものがあります。

たとえば、千葉県松戸市にある本土寺の過去帳です。

こちらのお寺の過去帳は、室町時代のものから残されており、出版物にもなっています。

もし、先祖がこうしたお寺に縁のある場合には、その出版物を図書館等で見ることによりルーツが判明するかもしれません。

また、高野山の高室院などでは、過去帳もさることながら檀家の月碑・日碑等の記録が多数残されています。高野山高室院のこうした檀家の記録の一部は複写されて神奈川県の寒川文書館に写しがあります。

同館に所蔵されている高室院文書の写しは相模国・武蔵国の檀家の記録が中心ですが、江戸時代中にもかかわらず一部名字も入った形で記載されています。自家の菩提寺の本寺が高室院になる場合には、江戸時代に高室院に月碑・日碑を納めている可能性もありますので、こうしたところに先祖の記録が出てくるかもしれません。通常の過去帳と異なり、名字が記載されていることもありますので見付けやすいかもしれません。

この高室院文書は、江戸時代中ながら庶民の名字が記載されていることで有名であり、こうした史料からも庶民は名字を持っていなかったのではなく、公に名乗れなかっただけであることが分かってきます。

しかし、実はその他のお寺の過去帳でも、江戸期の農民や町人が名字入りで堂々と書かれているものもあります。新潟県上越市のあるお寺の過去帳や古文書では、町人の名字がかなり記載されています。この辺りは高田藩領で、同藩は献金などをしてくれた庶民には結構「苗字帯刀御免」の大盤振る舞いをしていた気配があります。しかし、同市域の過去帳を見ると、檀家のほとんどが江戸時代後期には名字入りで記載されているものもありますので、献金とは関係なくお上の目に触れないものであれば書いてしまってもいいだろうという雰囲気が見てとれます。

このように、過去帳に堂々と名字を書いてくれていると、先祖探しの上では非常に助かるのですが、例外的なことといえます。やはり、農民・町人の場合には「屋号」「小字名」から丹念に自家の記録を調べることが基本となります。

過去帳以外に有益な記録があることも

先ほど、過去帳は家ごとではなく全檀家が混在する形で記載されていると述べました。しかし、例外的にお寺の中に各家ごとの記録が存在していることがあります。

たとえば、明治時代になってある檀家が自家の先祖を整理して供養しようと考えたらしく、相応のお布施を出して自家の先祖だけ抜き書きしてもらったと思えるような記録が残っていることもあります。

また、あるお寺では自主的に当時のご住職が全檀家を整理しておこうと考えたのか、家ごとに寺の過去帳からその家の先祖分だけを拾いだし整理された記録もありました（ただし、その途中でご住職が亡くなられたようで未完成でした……)。

このようなものが存在してくれていると、本当に簡単に自家の先祖の200〜400年分の記録が分かります。

また、過去帳の他にも後述する宗門人別帳の写しがお寺に残されていることもあります。本来、宗門人別帳とは、村単位で庄屋家が作成し、藩や奉行所に納めるものです。写しが残っているとすれば、元庄屋の家なのですが、それとは別にお寺独自で写しを取っているケースがままあったようです。

菩提寺を訪ねた際には、ご住職とよくコミュニケーションを取り、過去帳以外でも何か有益な記録がないかを聞いてみるべきです。

また、忘れてはならないのが、お寺自体の由緒を聞くことです。

お寺というと、古くから同じ場所に存在しているイメージがありますが、戦国期や江戸時代中に別の地から移ってきたということもあります。

お寺と檀家は、実はセットで移動していることが多くあるのです。

たとえば、先ほど現上越市域にあった高田藩の話を出しましたが、高田城は元々は戦国期まで春日山(新潟県上越市)にあったものが福島(同じく上越市)に移り、そこからさらに高田へと短い期間で代々の当主が移転させてきました。

城下町にあるお寺は、城が引っ越せば、それに付いて移動するケースが多くあります。商人・職人にとっても城下町というのは大きな市場ですから、その城が引っ越せばそれに付いていかざるをえません。お寺は、藩の命令によって動くのか、それとも顧客（?）である檀家が移動するからそれに合わせて移動するのか、理由はそれぞれかもしれませんが、檀家と一緒に移動する傾向にあるのは確かです。

ということは、お寺が元々どこからやってきたのかが分かると、自家のルーツもそちらにある可能性が高いといえます。先の春日山城⇓福島城⇓高田城などは狭い地域での移動ですが、「信濃国から越後国へ」あるいは「越前国から越後国へ」などというように国をまたいでの移動もよく見られます。

そうして自家の本当に古い本拠地が見えてくると、「信濃国から来た平原姓なら清和源氏小笠原氏流で佐久郡平原を領した平原氏だろうな」などと、その出自がさらに見えてきます。

墓石から埋もれた情報を引きだす

古い本籍地にいけば、江戸時代から明治時代にかけての古いご先祖様の墓に出会うケースも多いでしょう。そうした先祖の墓参りができるだけでも感慨ひとしおですが、先祖探しという意味合いでは、さらに貪欲にその墓石等からも情報を引きだしていきます。

地方へ行くと、お墓は必ずしも寺の境内ではなく山の中腹であったり、田圃の横にあったりします。

そうした村の共同墓地では、墓の配置をよく見るだけでもご先祖様の暮らしぶりが見えてきます。

そうした墓地では、同姓の墓が固まっていることが多いでしょう。幕末から明治にかけて分家をする際には、本家が分家する家に田畑や居住用の土地を分け与えます。自然、分家する場合には本家の傍に新しい居を構える形となります。現在のように地方に住んでいる若者が結婚を機に親元を離れて新居を構える、というイメージとはだいぶ異なります。

ですから、地方では今でも同姓の家が一つの場所に固まっているケースが多いです。

住宅地図などを見ると、その様子は一目瞭然で、その同姓が固まっている地域一帯が昔、全て本家の土地だったことが想像できます。

そのように、田畑・屋敷という財産を分け与えてもらって独立するのですから、そこには自然に上下関係も生じます。本家には頭も上がらなくなるというものです。

それが墓石の配置にも表れます。

山の中腹に墓地がある場合には、少し高いところに総本家の墓がどっしりと存在しています。それを取り囲むように、分家の墓。さらに下の方に分家の分家の墓があるという感じになります。

昔は「席次」などというものもあり、親戚の中でも年中行事の集まりがあると、その座り方にも序列が厳格にありました。

自身の先祖が分家の分家で、墓石も下の方にあると「親戚の集まりでも端っこの方で小さくなって、本家の当主に平伏して頭を下げていたんだろうなあ。結構、大変だったろうなあ」なんて考えると、また味わい深いものがあります。

さて、自家の墓石に出会ったら、まず遠いご先祖様に手を合わせて心の中で「お初にお目にかかります」と、挨拶をしましょう。

お参りが一通り済んだら、調査開始です。

まずは、墓石に彫られた文字を正面、左右、裏面と余すところなく観察していきます。

メモを取りカメラで撮影して記録していきます。この段階でもすでに、戸籍で判明した以上の先祖名が分かるかもしれません。

江戸時代後期のものであれば、墓石の文字は肉眼で読み取れるものもあるはずです。

そして、墓石の摩耗が激しく、どうしても肉眼で読み取れないものは拓本を取ります（もちろん、現在、墓を守っている方に承諾を得ます）。

たとえ肉眼では読み取れなくても、微妙な凹凸というのは意外と残っているもので、拓本を取ることにより墓石の文字が鮮やかに蘇ることが多々あります。

拓本を取るためのセットは、画材屋に尋ねれば入手できます。

拓本の優れたところは、被拓物（墓石等）を汚すことなく、その彫られた文字を読み取れることです。慣れない方だと、墓石に墨を塗って魚拓のように文字を写し取ると勘違いしたりしますが、そんなことをしたらお墓を守ってくれている人に怒られるのはもちろん、ご先祖様も怒り心頭です。

171ページのように、墓石に画仙紙をあて、紙を霧吹きで濡らした上に墓石の凹み（つまり、文字が刻まれている部分）に画仙紙をブラシなどを使って押し込んでいきます。そうした状態でタンポを使って表面に墨をパタパタと塗っていきます。

拓本の原理

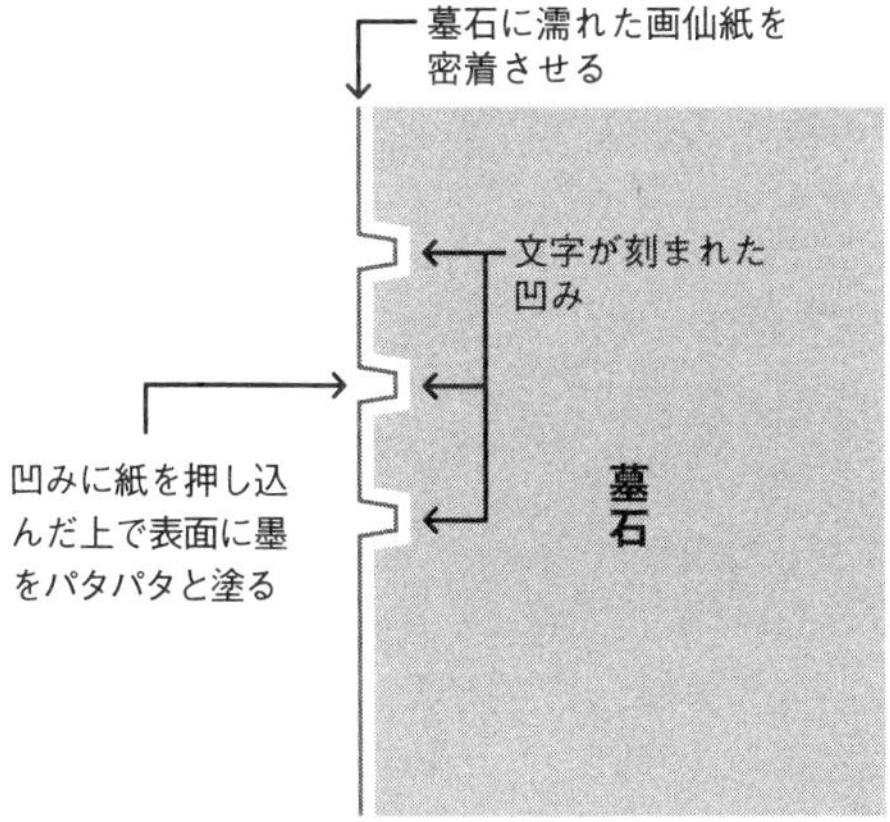
墓石に濡れた画仙紙を密着させる
文字が刻まれた凹み
凹みに紙を押し込んだ上で表面に墨をパタパタと塗る
墓石

そうしますと、凹んだ部分には墨がつきませんので、ちょうど文字が書かれている部分だけ白く残る形となり、46ページの写真のような拓本が取れるのです。

墨を塗って、肉眼では全く見えなかった文字が浮かび上がってくる瞬間の感動はひとしおです。

気になるお墓があればお墓の前に手紙を置こう

さて、江戸時代中の古い墓石には俗名が書かれていることは稀です。

多くは、没年月日と戒名が記されているのみです。

先ほど、過去帳の見方のところで「屋号」

や「小字名」を頼りに自家の先祖の記録を探すのだという話をしましたが、それでもどうしても自家の先祖が判別できないこともあります。

そんな時に、こうして先祖の古い墓の拓本を取り、そこで読み取れた没年月日と戒名をもとに過去帳と照合すれば、屋号や小字名が分からなくても自家の先祖であると特定できます。過去帳には俗名が書かれていることが多いですから、墓石だけでは分からなかった俗名も判明するのです。

このように、古い墓石は何も喋ってはくれませんが、こちらから能動的に関われば実に多くの情報を教えてくれるのです。

ところで、先祖の墓にたどりつくと、時折、別の墓が気になる時があります。

たとえば、すぐ傍に同じ名字で同じ家紋の墓石がある。しかし、その墓の管理者が誰なのか分からない。でも、何か関連があるはずだからその墓石の管理者に話を聞いてみたい。もしかしたら、自家のルーツについて何か知っているのではないか？

これがお寺の境内であれば、ご住職に尋ねればその墓を守っている方のこともすぐに分かるでしょう。

しかし、地方の共同墓地のようなところでは、その墓地全体の管理者というのはいない場合が多いのです。近隣の方に聞いてみても「ああ、確かに月に一回誰か来て、お参りしているようだけど。誰なんだろうね？　いつも、夕方暗くなってから人目を避けるように女の人が一人で来るんだよ」なんていう意味深な答えが返ってくることもありました。

こうした時に、その墓の管理者とコンタクトを取る方法はあります。

手紙をその墓の前に置いておくのです。

もちろん、雨で濡れないようにクリアケースのようなものに入れるなどして置いておきます。先祖探しをしているので、何か知っていることがあったら教えていただきたいと書いて、自分宛ての封筒を入れておくとよいでしょう。

こうなってくると、まさにミステリー小説のような展開で何ともドキドキしてきます。

雨に濡れずに手紙を置いておけるようなクリアケースを一つは持って現地調査に出るとよいかもしれません。

戒名からご先祖様の暮らしぶりを感じる

先祖探しの目的は、いうまでもなくご先祖様の名前と暮らしぶりを明らかにしていくことです。

しかし、名前に関しては「戒名は分かったが、俗名は分からずじまい」となることが多くあります。特に江戸時代の先祖に関しては、位牌や墓石に戒名だけが記されているケースが多く、過去帳との照合が（過去帳の焼失などにより）出来ない場合には「戒名だけしか分からなかった」となり、残念がる方もいます。

しかし、戒名だけでも分かったのは素晴らしいことです。

江戸時代というのは、実は一人の人間が一生のうちでいくつもの名前を持っていた時代です。

生まれた時に付けられるのが幼名。

その後に十五、六歳で元服すると、いわゆる実名が付けられるのが一般的です。

そして、家督を継ぐと、その家の当主名を名乗ることになります。ですから、江戸時代中の家系図では同じ名前が何代にもわたって続くことが珍しくありません。

また、隠居をすれば当主名は嫡男に譲り、新たに隠居名を名乗ります。

そして、戒名です。

戒名とは、ご存知の通り本来は生前に付けるべきものです。しかし、実際には死後に付けられることが多いので、ここでは便宜上「死後の名前」としておきましょう。

このように、出生から死亡後まで様々な名前を名乗るのが一般的なのです。

現在では、みだりに氏名を変えられるようにすると犯罪に悪用されますので勝手には氏名変更ができないようになっていますが、江戸時代までは「元服」「家督相続」「隠居」「死亡」といったような自らの立場の変化に合わせて名前を変えていき、改名することにより「それ相応の自分になる」という文化があったのです。

しかし、戒名以外の名前、つまり「幼名」「実名」「当主名」「隠居名」といったものは親が命名したり、家に昔から伝わる名前を踏襲したりするものです。どちらかといえば、本人の人となりとは無関係に付けられている名前といえます。

ところが、唯一、戒名だけは生前の本人の人生・性格を反映したものになっています。

戒名について少しでも知っておくと、ご先祖様を感じる役に立ちますので基本的なところを見ておきましょう。

176ページの図は一般的な戒名の形式ですが、もちろん宗派により異なります。

また、浄土真宗ではそもそも戒名という言い方はしません。真宗の場合は「法名」と呼び、「釈○○」と全三文字になるのが一般的です。

ただし、ここでは一般的な戒名を事例に見てみましょう。

戒名の構成

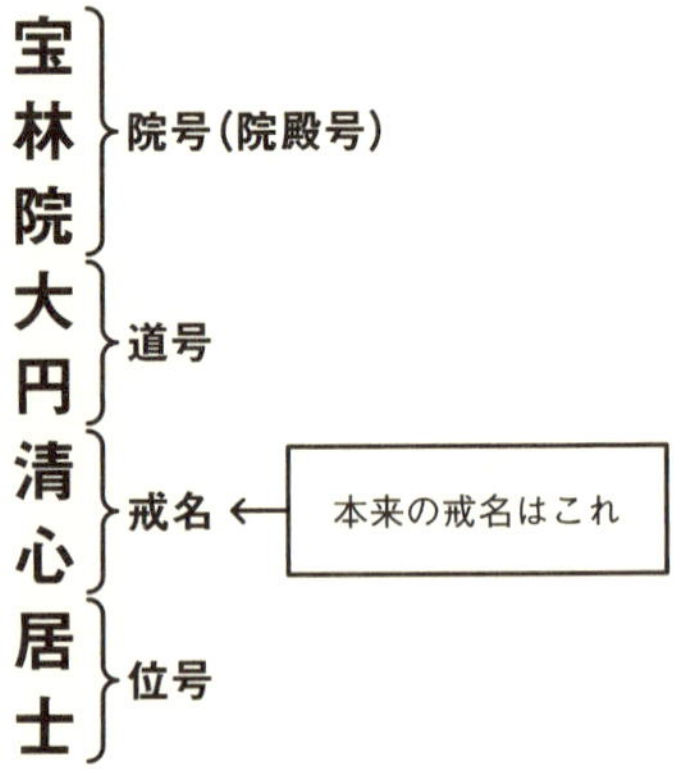
宝林院
院号（院殿号）
大円
道号
清心
戒名
本来の戒名はこれ
居士
位号

この事例の通り戒名は、「院号」「道号」「戒名」「位号」という4つのパートに分かれています。

こう見てみますと、戒名の中に「戒名」があるという不思議さに気付くでしょう。

実は、ここで表した二文字の部分の「戒名」こそが本来の戒名なのです。誤解を恐れずにいってしまえば、他の部分はどれだけ篤心があったか、お寺に貢献したかなどにより左右されます。

ただ、現在では、本来の二文字の戒名だけでなく4つのパート全てを総称して戒名と呼ぶことがほとんどです。

浄土真宗の場合には「法名」ですが「釈○○」のように釈の後の二文字がいわゆる

戒名に該当する部分です。

さて、総称としての戒名のうち最初の「院号」というのは、本来は寺や宗派に貢献の大きかった信者や篤の厚い人に贈られる性質のものですが、お布施の多寡などにも左右されるようになり、だんだんと故人やその家の経済力を示すものになってきた傾向にあります。こうした本来と異なる傾向に、仏教界から見直すべきとの考えも起きているようです。

いずれにしても、先祖の戒名に院号を見る時「経済的に裕福だったのかなあ」と、感じずにはいられません。

尚、院号の他に「院殿号」というものもあり、こちらも時代を経るごとに「院号」より「院殿号」の方が格上と多くの人が感じるようになってきたようです。

戒名について深く考察した良書『戒名のはなし』（藤井正雄著　吉川弘文館）に興味深い一節がありますので引用させていただきます。

江戸時代以降には、その意識も変化して、武家の本家には「殿」を付け、末家にはそれを付さず、主人には「殿」を付け、陪臣には付けないという、武家身分の内部で身分の差を表示するものとされるようになった。この傾向が広く衆庶の間にも普及し、

院殿号を付した戒名が院号だけの戒名より上位に位置するものと考えられるようにな
った。

こうしたことも覚えておくと、武士だった家では戒名から得られる情報も多くなってきます。

院号の下に付くのが「道号」で、真言宗・天台宗・浄土宗・臨済宗・曹洞宗・日蓮宗など主な宗派で用いられるものです。

その下の二文字がようやく本来の意味の「戒名」です。ここに、その故人の生前の様子が著されます。

現在でも戒名を付ける際には、ご住職が家族に生前の様子を聞き、優しい方だった場合には「優」の文字を入れたりします。これは昔から変わらないところですので、たった二文字の中からご先祖様の生き様を感じるのも悪いものではありません。

また、二文字のうちの一文字は故人の俗名の一文字であることが多くあります（これも現在と同じ）。

ですから、戒名には俗名の要素もきちんと織り込まれ、かつ生前の性格までもが反映されているのです。さらに二文字以外の院号などからは経済力、信心の厚さなども見てとれます。ある意味では、俗名よりもご先祖様のことをよく表現しているのが戒名といえるのです。

戒名だけが分かって俗名が分からない、という場合も、がっかりする必要はなく、むしろ戒名を知れたことを喜ばなければなりません。

本来の二文字の戒名の下にくるのが「位号」で、「信士」「信女」などと付けられるのが一般的です。こちらも、いつの間にかランクのようなものができて「居士」「大姉」などの方が良いとされるようになってきました。

こうしたところからも、やはり当時の自家の経済力が感じられるかもしれません。尚、子供のうちに亡くなると「童子」「童女」と付けられます。『戒名のはなし』では、大体、7～15歳くらいまでと説明されています。

それよりも小さい子が亡くなった場合には「嬰子」「嬰女」。さらに死産などの場合には「水子」となります。こうした戒名は他の家のものであっても見ているだけで悲しい気持ちになってしまいます。

第五章 千年のルーツを知るためのテクニック

目標設定は「200年」「400年」「千年」

戸籍以上に先祖を遡る場合、前章の「菩提寺」「墓石」「現地同姓宅（本家）」の調査は基本中の基本といえます。運が良ければ、本家に千年以上前からの系図が残っていて、あっさりと自身から清和天皇、あるいは宇多天皇までつながる系譜が完成できてしまうこともあります。

戸籍を超えた先祖探しを行う場合、その目標設定はおおよそ「200年」「400年」「千年」と考えておけばよいでしょう。

200年前というのは、文化文政期（1804〜1829年）です。この頃に生きていたご先祖様まで明らかにしていくのが第一段階です。

順調に明治期の戸籍まで取得できると、そこに幕末生まれのご先祖様まで記載されていると思います。

そうした戸籍で判明した先祖から一〜三代程度遡ると「200年」というイメージです。

もちろん、先祖名が分かることも大事ですが、戸籍を超えて一〜三代程度でも先祖名が分かったということは、同時にその暮らしぶりも明らかになることが多いといえます。

藩の分限帳で戸籍以上に先祖を遡れたなら、その当時の自家は武士であったと分かりますし、どれくらいの俸禄を貰って仕えていたのかまで知れるはずです。

検地帳や宗門人別帳で遡れた場合には、農民か町人ということになりますが、所有していた田畑の広さや、屋敷の間口などから経済状態なども類推できるでしょう。

戸籍によって知れるのは、本籍地や氏名、生年月日・死亡年月日などの無機質なデータですが、それを超えて調査をすると急に生々しい自家の様子、ご先祖様の息づかいが聞こえ始めるのです。

私が数多くの先祖探しをさせていただいている実績から申し上げますと、このように戸籍で分かった最古の先祖から一代でも上の代まで遡れる確率は約90％です。

残念ながら10件に1件は、どう探しても有益な史料が現存していないために、戸籍で判明した先祖より上の代の先祖名（俗名）を知ることが出来ないのが実情です。

何しろ、戸籍のような公文書がない、まだ日本に「幕府」なるものが存在していた時代の話ですので、どうしても史料が現存していないことがあるのも致し方ないことです。

しかし、冷静に考えれば２００年前の江戸時代中の自家のことが9割の確率で判明するというのは凄いことだともいえます。読者の方も、根気強く先祖探しに取り組めば２００

年程度（戸籍以上）は遡れる確率が非常に高いということですから、是非、取り組んでいただきたいところです。

４００年以上前になると史料の残りが悪くなる

さて、次の目標が「４００年」です。

４００年というと、江戸時代の初期です。

慶長5年（１６００年）の関ヶ原の戦いで徳川家康軍が勝利し、その後に大坂の陣で豊臣家を滅亡させて江戸時代が始まります。

過去帳のところでもお話しした通り、寛永14年（１６３７年）に島原の乱が起こり、以後、キリスト教弾圧が強化されていきました。その影響で国民と寺の結びつきが密接となり、過去帳もこの辺りから本格的に記載されることが多くなっています。

また、やはりこの時代から宗門人別帳が毎年、各村で作成されるようになっています。

つまり、今から４００年ほど前から過去帳、宗門人別帳といった先祖探しをする上で重要な文書類が作成されだしたのです。もちろん、焼失や散逸などでそれが残っていない寺、地域も多いのですが、運が良ければこうした文書を使って４００年ほど自家のルーツをたどれるということです。

運にも左右されますが、先祖探しにおいてはそうした事情で「400年」というのが大きな目標となり、決して夢ではない話なのです。

さて、それより前（400年より先）になると極端に史料の残りが悪くなります。

中世〜戦国期にかけては、日本国内も常時、どこかで戦争状態だった訳で、作成されていたはずの史料もその多くが焼失しています。

現代であれば、後世に様々な史料を残していこうという意識がありますが、戦乱状態の中でそんな余裕はありません。また、現代のように、どこか別の土地にあるサーバーにデータを転送しておけるならまだしも、コピーがない時代では原本とわずかな写しが存在していた程度です。

それも、中世〜戦国期の合戦では敗走する際には自軍の城に自ら火を付けて撤退するのが慣わしです。そこにあったはずの武士団や領地の記録はその瞬間にこの世から永遠に姿を消してしまっています。

ですから、400年を超えると途端に史料が少なくなります。

それでも、昔は多くの家で家系図をきちんと作成して代々受け継いできましたし、江戸時代中の武士は藩に自家の由緒書を多く提出しています。そうしたものには千年前の自家の出自が分かるものも多くあります。

余談ですが、現在の民法897条に相続財産の一つとして「系譜」が挙げられています。現在の感覚では系譜（つまり、家系図）が財産といわれても「？」という感じですが、戦前まではこのように家系図は財産であるという意識が強かったのです。それだけ、どの家でも家系図を大事に代々伝えてきたのです。

ですので、自家とつながる旧家に赴けば、そうした家系図が残されていることもあります。

また、そうした系図が各家にあったからこそ、江戸時代中の武士も藩に自家の出自を記載した由緒書を提出できていました。

そして、運が良ければ、今でもそれらの史料に出会うことが可能なのです。

そうして、千年前の自家の出自を知ることができれば、先祖探しは最良のゴールを迎えたといえます。ですので、最大の目標設定は「千年」ということになります。

明治時代と江戸時代をつなぐフックを見つける

まずは「200年」「400年」辺りを目標に調査を進めていきます。

これを実現させるために、重要な考え方が一つあります。

それは、明治時代と江戸時代をつなぐ「フック」を見つけるという作業です。

前章の過去帳のところで、江戸時代中のものには名字が書かれていないので、屋号や小字名によって特定していくと書きました。

また、自家の屋号・小字名が分からない時は明治時代の名字が書かれている過去帳に戻り、まずは自家の屋号と小字名を確認してから江戸期のものを見ていけばよいのだとも書きました。

これがまさに明治時代と江戸時代をつなぐフックを見つけるということです。

江戸時代と明治時代の間には、こと先祖探しにおいては暗くて深い溝が横たわっているのです。戸籍を例にとって考えてみても、現行の戸籍制度が生まれたのが新政府のもとでの明治5年のことです。そして、戸籍はこの時から連綿と現在までリンクされた形で続いていることは申し上げた通りです。

また、明治時代から現在までは名字を公に名乗れる時代ですから、明治時代から現在まではほとんど「地続き」と考えられます。

先祖を遡る場合もきちんとやれば明治初期まではー気にいけるのです。しかし、その明治初期まで来たところで目の前はいきなり切り立った崖になり、その眼下には深い川がごうごうと流れ、容易には向こう岸（江戸時代）には渡れないようになっています。

ただし、先ほどから申し上げている通り、島原の乱以降、キリスト教が禁止されたことにより形ばかりでも日本国民は全員、どこかの寺の檀家になることが義務付けられ、その結果として各寺の檀家の死亡記録としての「過去帳」、また、村人全員がどこかの寺の檀家になっていることの証明書としての「宗門人別帳」というものが作成されました。また、武士であれば「分限帳」というものが江戸時代中作成され続けました。

ですから、江戸時代中は江戸時代中で各家の記録がたどれるような史料があるのです。

しかし、名字が書いていない等の理由により、その江戸時代中の史料群と、明治以降の史料群が上手くリンクしてくれません。

先ほどの過去帳の事例もまさに、江戸時代中のものは名字がないとどれが自家のご先祖か分からないということでした。しかし、明治時代の過去帳に戻り「屋号」「小字名」というフックを得た途端に「江戸時代」と「明治以降」の間に横たわる暗くて深い川を楽々と乗り越えることができました。

江戸時代と明治時代を「フック」でつなぐ

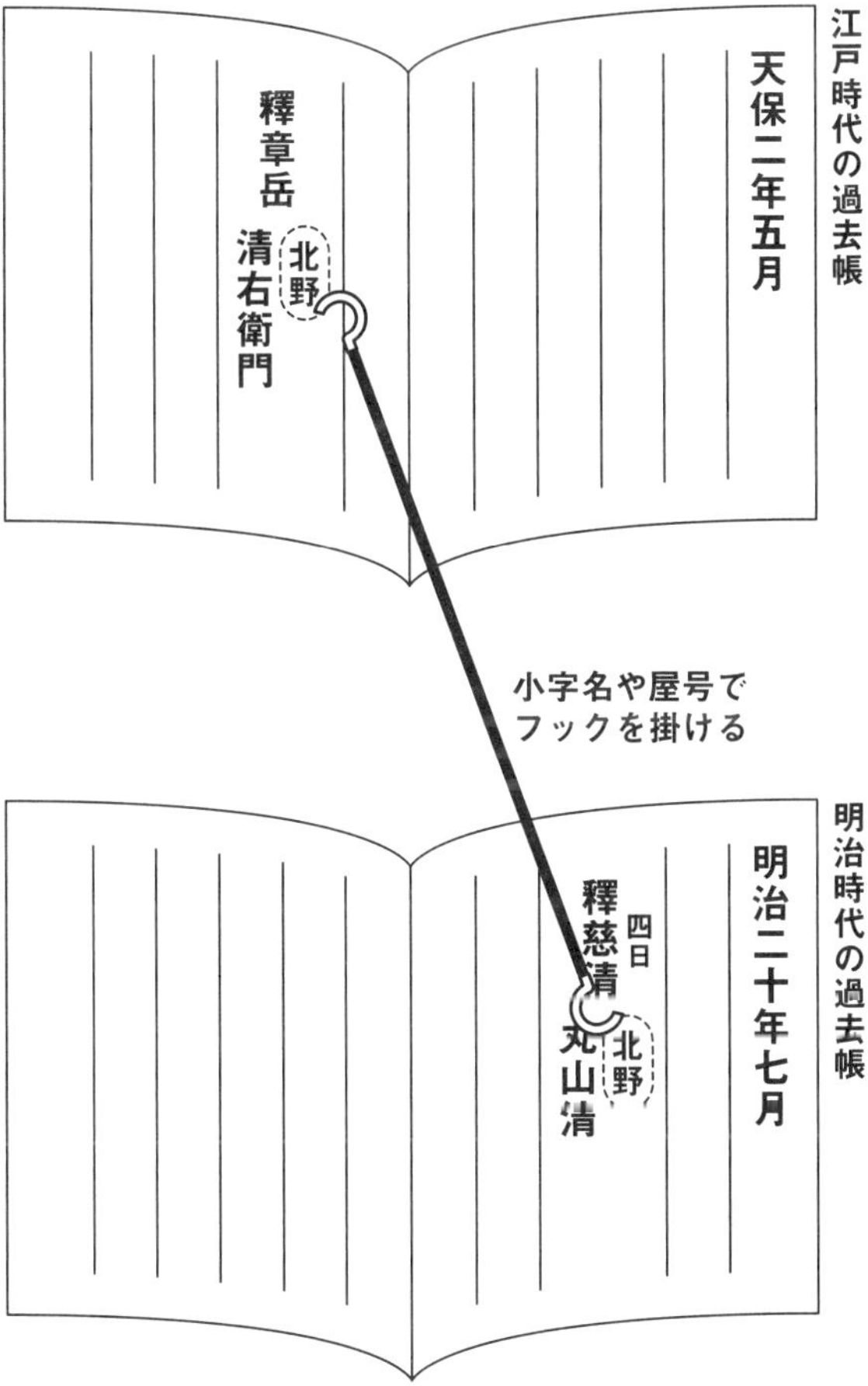
江戸時代の過去帳
天保二年五月
釋章岳
清右衛門
北野
小字名や屋号で
フックを掛ける
明治時代の過去帳
明治二十年七月
四日
釋慈清
丸山清
北野

先祖探しに慣れていないと（一般の方は一生に一度しかやりませんから、慣れていないのが当たり前ですが）、このフックの掛け方が上手くできません。

たとえば、明治時代の戸籍まで全て取得できると、「後は江戸時代の記録さえあれば……」と考えて、江戸時代中の史料ばかりを探してしまいます。

しかし、いざ、先祖がいた村の江戸時代中の検地帳が目の前に出てきても名字が書かれていないので、いったいどれが先祖なのか分からなくて途方に暮れてしまいます。

プロだと、こんな時こそ一歩下がって明治時代の史料を先に見つけて「フック」を探してくるのです。たとえ、明治時代前期までの戸籍は取得していても、そこには「フック」といえるものが少ない。そこで他の明治時代の史料を探すのです。

たとえば、法務局に保管されている旧土地台帳（現在は登記制度になっているが、その前身にあたる課税台帳。現在は使用されておらず、法務局に保管されている）というものがあります。

戸籍を取得して明治期の自家の本籍地が判明したならば、その地番の旧土地台帳を取得してみます。そうすると、そこには戸籍には載っていないようなその地番が存するところの「小字名」が載っています（１９１ページ）。

検地帳も小字名でフックを掛ける

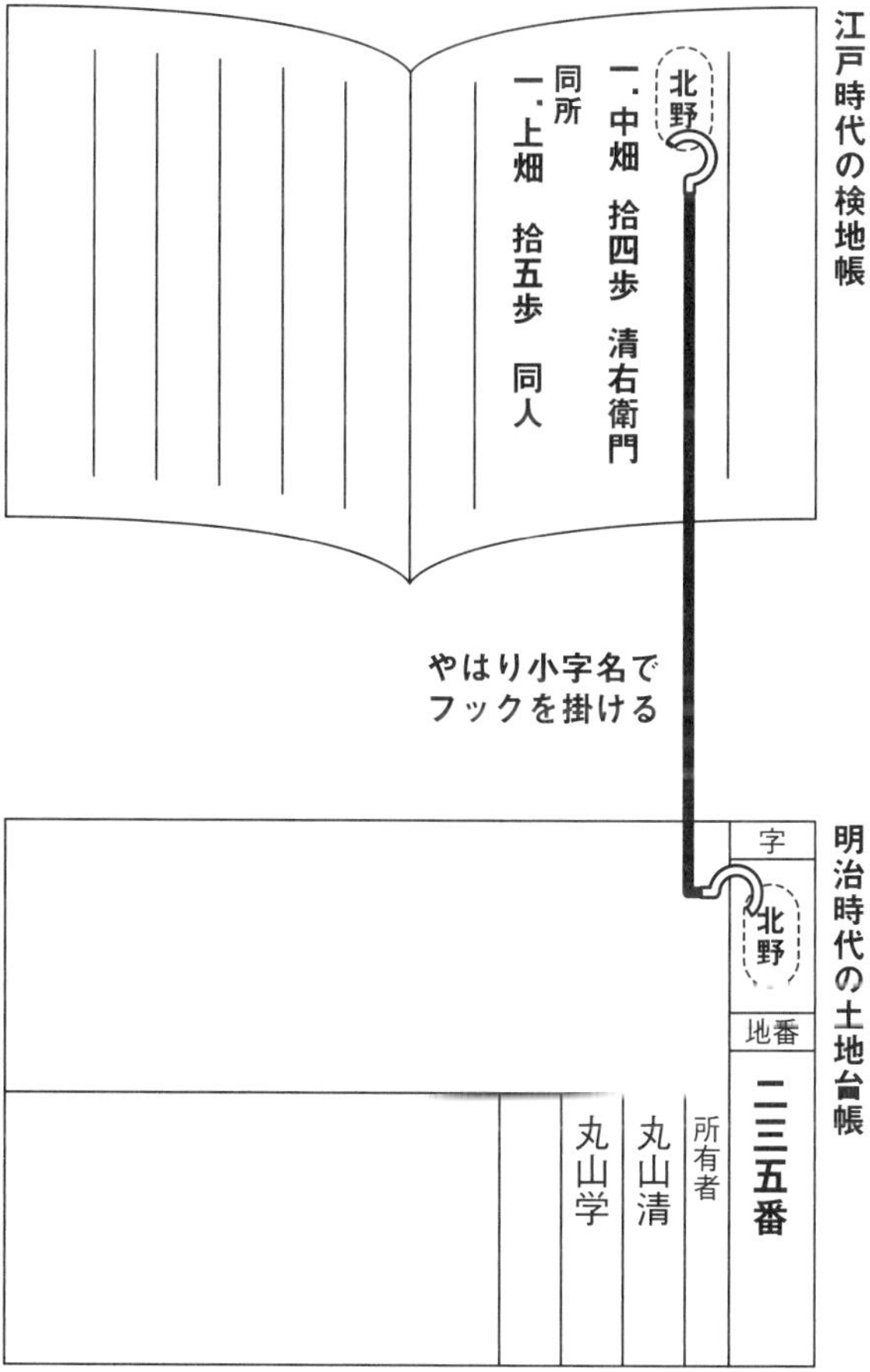
江戸時代の検地帳
北野
一．中畑　拾四歩　清右衛門
同所
一．上畑　拾五歩　同人
やはり小字名で
フックを掛ける
明治時代の土地台帳
字
北野
地番
二三五番
所有者
丸山清
丸山学

一方の江戸時代中の検地帳は、一筆ごとの田畑や屋敷についてその名請人と所在地が記されています。田畑もどこに存するものかが分からなければ検地の意味がありませんから、必ずそれが分かるように「○○川前」といった小字名的なものが書かれているのです。

旧土地台帳を見た結果、その小字名一帯の土地を自家が全て所有していたのであれば、検地帳でそこの名請人になっているのが自家の先祖であることが分かります。

このように、検地帳においても「小字名」がフックになります。

ですから、江戸時代中の先祖のことを知るためには実は江戸時代中の史料を探すだけでは不十分で、むしろ明治時代の史料を先に探し、そこでフックとなりそうなものを見つけることの方が極めて重要です。そう覚えておくとプロ並みの調査力を発揮できるようになります。

村の古文書を探す

さて、このように「江戸時代」と「明治以降」の間に流れる深い川を乗り越える術を身に付けたところで、いよいよその地域（ご先祖が住んでいた村・町）の史料、つまり、古文書を探していきます。

これがなかなか辛い作業です。まず、覚悟しなければならないのが「いくら探しても無いかもしれない」ということです。

何しろ、話は江戸時代中のことです。大河ドラマ等で見る、あの時代の話です。

しかし、私の感覚からいえば、そんな時代劇の世界の頃のものでありながら、どの地域でも意外と古文書は残っているものだという感じがします。

ただし、どこにあるのかというところが大問題です。

実は、それらの史料の在り処を探すことが先祖探しの成果の90%を決するともいえます。どこに在るのかさえ分かれば、後はそれを閲覧するための交渉や手続きの話にすぎませんので。

さて、では肝心の「宗門人別帳」「検地帳」などの先祖の名前が出てくる史料がどこにあるのか？　ということですが、これは一定ではありません（そもそも、現存するかどうかも定かではありません）。

戸籍であれば、本籍地を管轄する役所に保管されていると分かりますが、そういうものではありません。

私の経験からいうと、ある場所は次の二つのうちのどちらかです。

①個人宅
②行政機関

個人宅というのは、江戸時代中にその村で庄屋・名主といった地位にあった旧家のことです。

宗門人別帳や検地帳は、こうした庄屋・名主が作成し藩などに納めていました。

しかし、その納めた原本はほとんど残っていません。残っているとすれば、そうした庄屋宅などにある写しです。また、そうした庄屋宅は明治時代になってからも戸長などの役職を務めることも多く、明治5年式の壬申戸籍の写しなども持っていることがあります。

ただし、現実的には明治時代になると江戸期の人別帳や検地帳は不要になってきますから、いつの間にか散逸してしまった、あるいは、襖の裏紙にされてしまったというケースもあります。

それでも、現在まで大事に保管されている場合があります。

また、明治時代以降も破棄せずにいた場合でも、貴重な史料だけにその保管が大変で困り果てることもあります。そうなると、行政機関に寄贈する（あるいは預託する）というケースもよく見られます。

市区町村の教育委員会、図書館、歴史館といった行政機関に寄贈されることが多いようです。

ですから、私などは調査でその地域の古文書を探す場合には、まずはこれらの行政機関に電話をして尋ねるようにしています。

たとえ、そうした行政機関自身で所蔵していなくても、どこにあるかを教えてくれたり、親切な学芸員の方だと、いまだに個人所蔵している家の方に連絡を取ってくれることもあります。

こうしたところから、紆余曲折を経て必要としている古文書に行き着くというのが実情です。そのようにして多くの地元関係者と話をしていく中で、「この辺りは上杉の家臣団だったという言い伝えの家も多いんですよ」など、興味深い話がいろいろと聞けたりもします。

検地帳というと農村地帯のイメージですが、実は城下町の商人・職人が居住する町でも同様のものが存在していました（名称は「水帳」など様々です）。たとえば、大坂城のすぐ傍のある町でも「○○町御水帳」として、農村地帯における検地帳と同じようなものが現存していました。もちろん、商人・職人の場合は田畑は所有していませんが、代わりに店の間口などが一軒一軒記録されているのです。そうした間口の広さを基に課税されたという訳です。

ですから、最古の本籍地が町人の住むような「町」である場合も同様のプロセスで行政機関に問合せをしていきます。

人別帳・検地帳の読み方

さて、目出度《めでた》く地域の古文書を探しあて、閲覧まで行き着いた場合のために宗門人別帳と検地帳の基本的な読み方だけお伝えしておきましょう。

宗門人別帳は、何度か説明しています通り、キリスト教弾圧のために江戸時代を通じて毎年、村ごとに作成されていた文書です。

キリスト教徒ではない証明として、家一軒ごとに全員の名前（といっても、女性は「女房」「娘」としか書かれない地域もある）と年齢、当主との関係、そして菩提寺を書き出していきます。

宗門人別帳の記載例

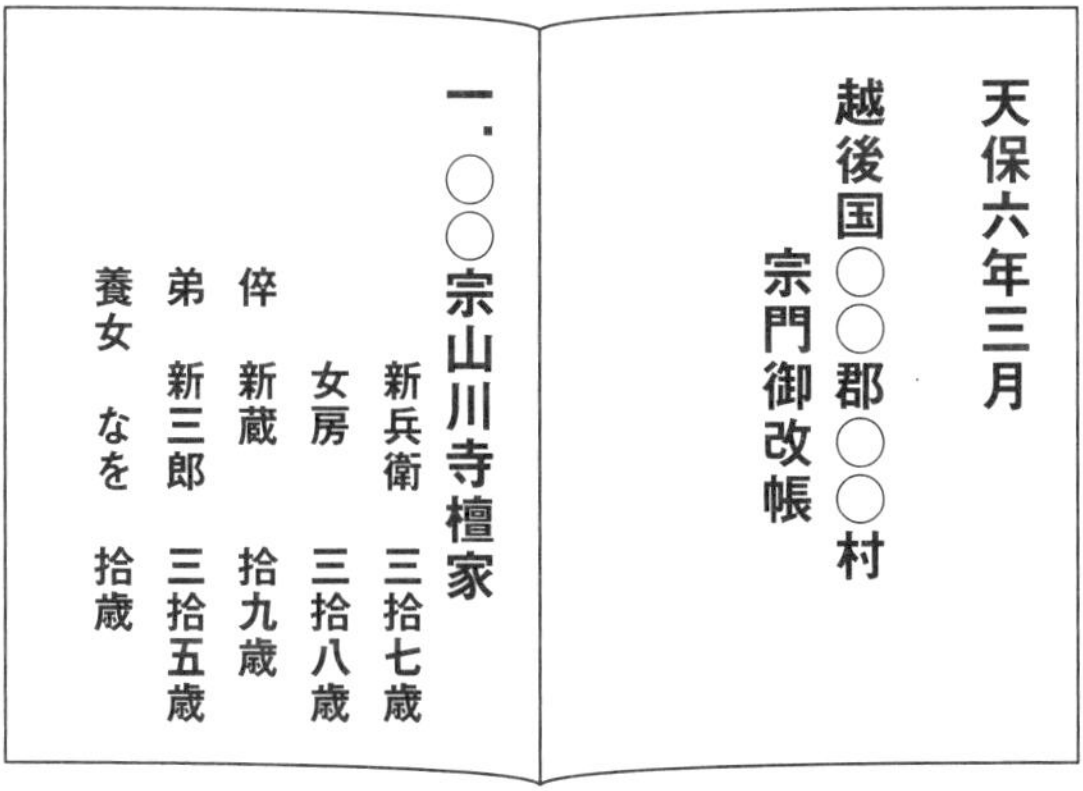
天保六年三月
越後国○○郡○○村
宗門御改帳
一．○○宗山川寺檀家
新兵衛　三拾七歳
女房　三拾八歳
倅　新蔵　拾九歳
弟　新三郎　三拾五歳
養女　なを　拾歳

末尾に菩提寺として挙げられた各寺がそれを証明する形で押印を行います。

結果として、現在の戸籍と住民票を合わせたような文書になっています。

書式は、地域により若干異なりますが、おおよそ上の図のように一軒の家が書き出されます。

村の全世帯が並べて記載され、村ごとに一冊に製本されます（戸数の多い村では複数冊になることもある）。

こうした人別帳が残っていれば、先祖探しは当然に楽になります。

ただし、残っている場合でも江戸時代の二百数十年分が全て残っている村はないと思われます。私が知っている中では、ある村で1

50冊（年）分現存していたのが最高記録です。

ほとんどの村では2～5冊分あればよい方でしょう。

いちばん現存していてほしいのは幕末の人別帳です。

もし、明治19年式の戸籍まで取得できていれば、それにより自家の幕末生まれの人物がその中に戸主として記載されている可能性が高いでしょう。

そして、その戸主の父親名が書かれているケースが多く、その父親が幕末当時の自家の戸主であるといえます。

そうなると、幕末の人別帳が存在していれば、その戸主の名前をフックにして自家の記載を見つけることができます。人別帳は公文書ですので、農民や町人の名字は記載されていません。やはり、フックが必要なのです。

名前という最も分かりやすい「フック」を使って、江戸時代と明治以降の間にある深い川を越えることができます。

もっとも人別帳には名字が書かれていませんので、村の中に同じ名前の戸主が二人以上いると、どれが自家のご先祖か迷ってしまいますが、その場合には人別帳内の戸主の「子」に注目します。

その子が、明治期になり戸主となっていくはずですから、明治19年式戸籍の戸主と同一人物である可能性が高いといえます。ただし、この当時は幼名と成人してからの名前が異なることもあります。その場合は、人別帳内に記載されている年齢に注目します。

たとえば、文久3年（1863年）の人別帳で5歳の子は安政6年（1859年）生まれということになります。そして、戸籍の方に目を転じて、明治19年式戸籍の戸主の生年月日が安政6年であれば、それらは同一人物であると分かります。年齢を「フック」にして深い川を越えて江戸時代中の史料からご先祖を特定するのです。

そのようにして、幕末の人別帳から自家の先祖を特定するのが最初の作業です。

さらに、他の年代の人別帳があれば、さらに先祖名を判明させられます。

たとえば、20年間隔で数冊の人別帳が残されているという場合でも、同様に「名前」「年齢」などをフックにして、各年代における人別帳の自家の記録を探していきます。

こうしていけば、人別帳が現存しているところまで自家の先祖名も明らかにしていけます。

一方、検地帳も村ごとに作成されます。ただし、こちらは江戸時代中に毎年作成された訳ではありません。

幕末の人別帳と明治19年式戸籍を照合させる

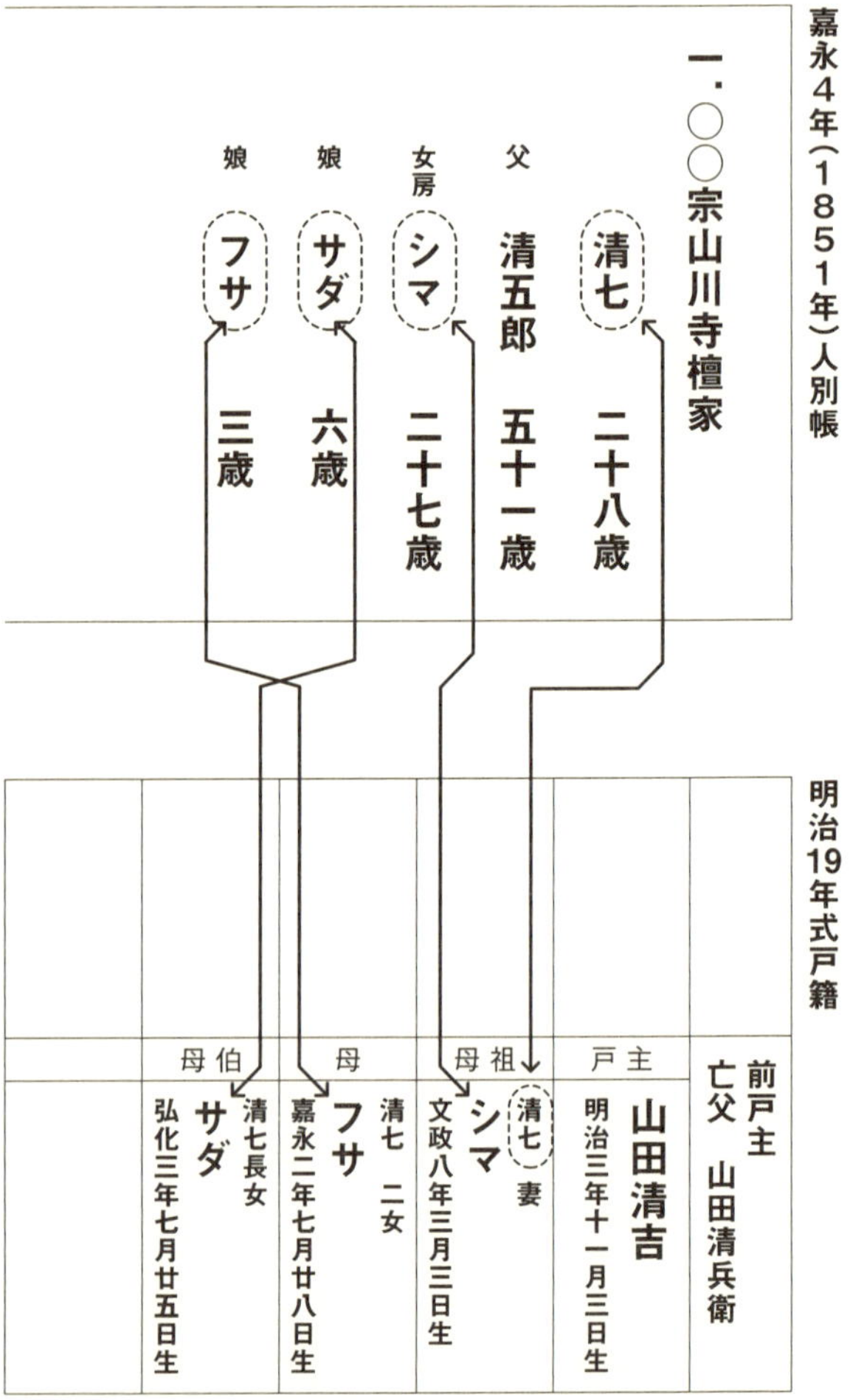
嘉永4年(1851年)人別帳
一・○○宗山川寺檀家
清七 二十八歳
父 清五郎 五十一歳
女房 シマ 二十七歳
娘 サダ 六歳
娘 フサ 三歳
明治19年式戸籍
前戸主 亡父 山田清兵衛
戸主 山田清吉 明治三年十一月三日生
祖母 シマ 清七妻 文政八年三月三日生
母 フサ 清七 二女 嘉永二年七月廿八日生
伯母 サダ 清七長女 弘化三年七月廿五日生

検地の作業は大変ですから、主に江戸時代前期に行われ、あとは新田が開発された場合にその部分だけを検地して「新田検地帳」などの名称で文書として残していく程度です。いつ、どれくらいの頻度で作成されているか。また、それがどの程度現存しているかは村々によって全く異なるといえます。

検地帳の記載のされ方は、191ページの図の上部のような感じです。

このように、一筆の田畑の横に小さく「小字名」などが書かれ、田畑の場所が特定できるようになっています。

こうした「小字名」をフックにして先祖を遡る方法はすでに述べた通りです。

ところで、検地帳は江戸時代より前のものもあり、各地で現存しているものが多数あります。

特に、豊臣秀吉が天正年間に天下統一のため各地を征服してく過程で、征服した土地については改めて検地をし、新たな課税の基礎を作りました（いわゆる太閤検地）。この太閤検地の検地帳が現存している村も結構あります。関東では、秀吉は天正18年（1590年）に小田原北条氏を滅ぼして、その後の関東を徳川家康に任せます。そのため、天正19年の検地帳が残る村もあります。

20年間隔の人別帳をつなぐ

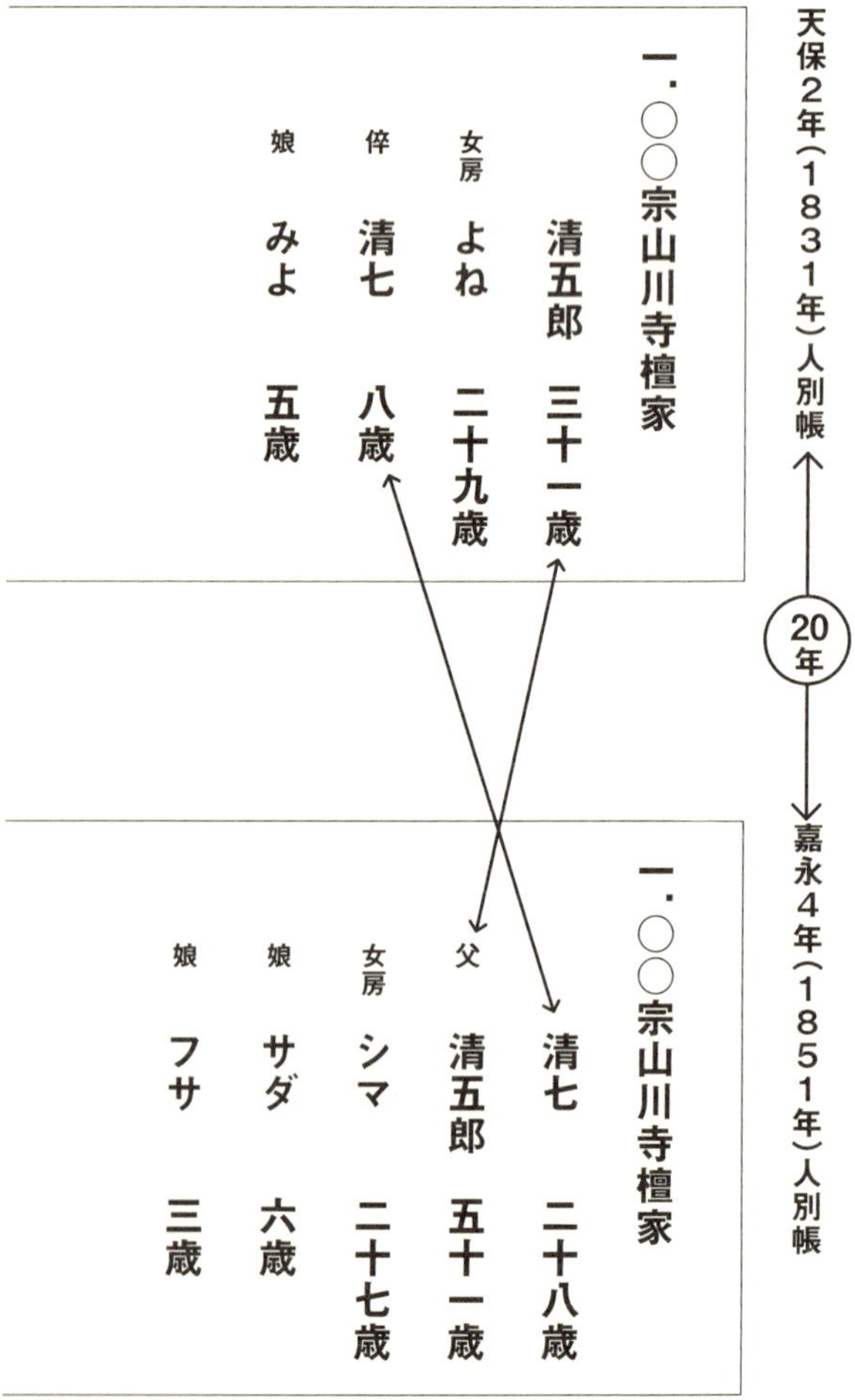
天保2年（1831年）人別帳
一・○○宗山川寺檀家
清五郎 三十一歳
女房 よね 二十九歳
倅 清七 八歳
娘 みよ 五歳
20年
嘉永4年（1851年）人別帳
一・○○宗山川寺檀家
清七 二十八歳
父 清五郎 五十一歳
女房 シマ 二十七歳
娘 サダ 六歳
娘 フサ 三歳

検地帳の場合も、このように現存しているとしても年代が飛び飛びになっている訳ですが、それでも先の「小字名」や田畑の「石高」をフックにして各年代の記録をつなげていき、先祖名を遡って割り出していくことが可能になります。

分限帳から武士の悲哀を読み解く

次は、自家の江戸時代中の身分が武士である場合です。

明らかに「○○藩の武士であった」という言い伝えがある場合や、戸籍でたどった最古の本籍地が城下である場合などは、分限帳という古文書を見ていきます。

これは、村単位ではなく各藩が作成していたものです。

分かりやすくいってしまえば藩の職員名簿のようなものです。

しかし、現在の職員名簿と大きく異なる点は各人の給与額が堂々と書かれていることです。現在ならプライバシーの侵害ということで大問題になるところですが、江戸時代中はどの藩もそのような記載の仕方をしています。どれだけの俸禄を貰っているか、どれだけの知行地を取っているかがその武士の誇りだったのです。

何はともあれ、どのように記載されているのか事例を見てみましょう。

205ページの図を見てみると、「何石」というように米の石高で給与が記されている武士と、「米何俵」というようにずいぶんと生々しい給与形態で書かれている武士がいることが分かります。

あなたの先祖が下級武士だったなら

武士の給与の貰い方には大きく二つあります。

一つは「知行取り」と呼ばれる武士で、自分の領地をあてがわれています。つまり、「○○村と○○村が貴殿の領地である」という藩からの達しを貰い、その村々の石高の合計が「百石」になっているという状態です。

形式的にいえば、その村々に年貢を課し、それが自分の給料となるということです。小さいながらもその村の「領主」となる訳で、武士はこの「知行取り」になることが最大の名誉であり目標といえました。

一方、「米何俵」という武士は「蔵米取り・扶持米取り」などと呼ばれます。領地は持たず、いわば現金支給という給与形態です。

また、「上級武士」「下級武士」という呼び方もよくされます。一般的には百石取り以上

分限帳の記載例

文久元年
幻冬藩分限帳
御老中
三万八千石　森田長門守
同心六十人
・・・
百七拾五石　小野市太郎
四拾石　落合儀助
三拾五石　今井真太郎
十七俵　山田左吉

だと上級武士、それ未満が下級武士というようにも区別されますが、これについては定義がある訳ではありませんので、異論もあるところでしょう。

　土佐藩では、「上士」「下士」という言い方がされており、武士身分の中でも差別が酷かったことは有名です。「米何俵」の武士は、いわば足軽的な存在で下級武士といえます。

　事例で挙げたような「米十七俵」の場合には、現在の年収でいえば「100〜200万円」程度でしょうか。昨今、非正規雇用が問題となりましたが、まさに現代の派遣社員の給与に近いかもしれません。それだけでは食べられないので副業を持つことも多かったようです。

「下級武士」という呼び方は、差別的で私も好きにはなれませんが、たとえ先祖がそういう身分だったとしても、それだからこそ誇りに思えるともいえます。

百石取り以上の上級武士が、家を現在までつなぐことはそれほど困難ではなかったでしょう。

しかし、年収百数十万円の足軽は経済的に大変な上に、いざ幕末の戊辰戦争では最前線に軽装備で送りこまれています。実際、私が調べた中で信越地方某藩の足軽分限帳に先祖の名前があり、その給与はまさに「米十何俵」。それでいて、その藩の戊辰戦争の記録を丹念に調べたら、その人が会津で最前線に送りこまれ某日、新政府軍の銃弾に倒れ、同地で命を落としていることが分かりました。

非正規雇用でありながら、有事が起きると最も危険な仕事をやらされる、あまりに切ない調査だったことを覚えています。

しかし、それを知った依頼人の方も、それだけに余計にご先祖様への感謝の気持ちが芽生えたとのことでした。

さて、分限帳も各藩により現存具合は異なりますが、飛び飛びの年代で何冊か残っているというケースが大半です。

この場合も、人別帳と同じようにフックを掛けながら自家のご先祖様を遡ることができます。

武士の場合は、そもそも名字が記載されていますから、人別帳よりも遥かに自家の先祖を見つけやすいのですが、それでも同じ藩に同姓の藩士が何家かあることは珍しくありません。たとえば、そういう同姓が五家あれば、いつの時代の分限帳を見ても同じ名字の武士が5人出てきます。

幕末の分限帳でまずは、戸籍で判明した自身の先祖名と照合して自家の先祖を見つけるのが第一歩。これは、人別帳の場合と変わるところはありません。

そして、たとえば嘉永5年（1852年）の分限帳で自家の先祖を確認したならば、その一世代上の寛政11年（1799年）の分限帳でも自家の先祖を見つけるのはそれほど難しいことではありません。知行高・俸禄を見ていけばよいのです。

現在の企業であれば、給料というのは基本的には実力制です。

親子で同じ企業に勤めていたとしても、親と子の給料には差があって当然です。

しかし、江戸時代の藩では親も子も代々同じ給料であるのが原則です。全くもって実力制ではないのです。親の家督を継いだ子がその知行高・俸禄も継ぐ訳です。

そもそも、江戸時代前半に藩士の給料が決定される際には先祖の功績などが考慮されているのです。まさに、個人ではなく「家」が全ての時代だったのです。

ですから、分限帳における「フック」は知行高です。

年代が離れた分限帳であっても、同姓の中で知行高の違いを見ていけば、だいたいどの家がどの家かを見分けることができます。

分限帳はどこにある？

ところで、分限帳は現在どこにあるのでしょうか？

これは、さすがに個人宅というケースは少なく、ほとんどが行政機関の所蔵になっています。

たとえば、秋田藩の分限帳は現在、秋田県公文書館に所蔵されています。

また、長州藩（萩藩）の分限帳は大量に山口県立文書館に所蔵されています。

そのように「県」の所蔵になっていることが多いのですが、弘前藩の分限帳は弘前市立弘前図書館というように「市」の施設にある場合もあります。

同姓が複数あっても知行高で見分けられる

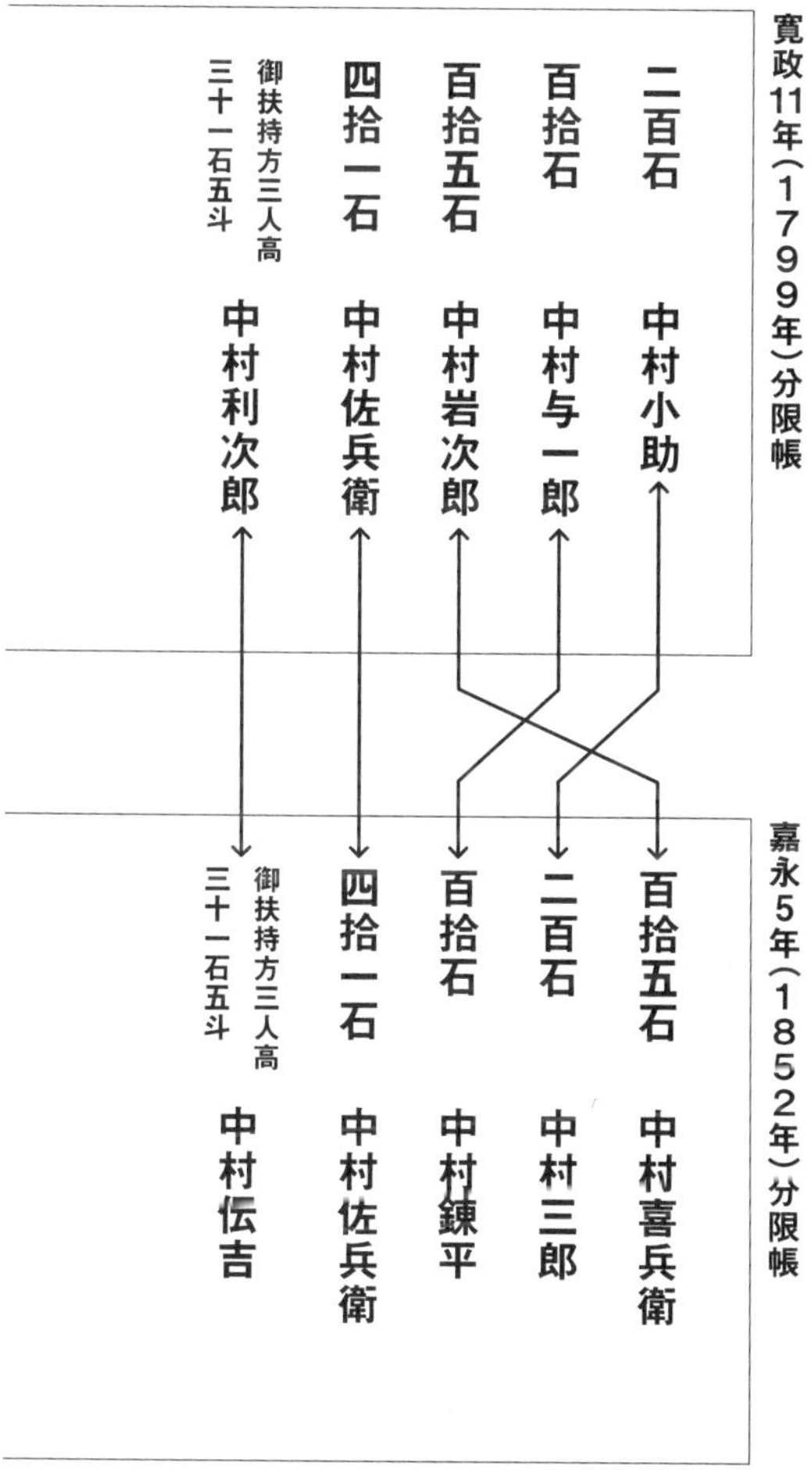
寛政11年(1799年)分限帳
二百石 中村小助
百拾石 中村与一郎
百拾五石 中村岩次郎
四拾一石 中村佐兵衛
御扶持方三人高 三十一石五斗 中村利次郎
嘉永5年(1852年)分限帳
百拾五石 中村喜兵衛
二百石 中村三郎
百拾石 中村錬平
四拾一石 中村佐兵衛
御扶持方三人高 三十一石五斗 中村伝吉

ですので、まずは目当ての藩があった地を管轄する市町村に聞いてみるのが効率的かと思います。

ただし、所蔵している施設でも原本で公開しているところは稀です。

大体は、複写した冊子などで閲覧ができるようになっています。実際、原本よりも複写物の方が扱いも楽で見やすいのが事実です。

また、郷土史にそれら分限帳が活字化されている場合もありますので、市町村に問合せる際には「活字化されたものはありますか？」と、聞いてみるとよいでしょう。

原本や複写物は、くずし字で記載されていることが多いので、慣れない方は活字化されたものの方が見やすいと思います。

ところで、武士の記録を追う場合、分限帳だけではもったいないといえます。

実は、藩士は江戸時代中を通じて自家の由緒書を藩に提出していることがあります。

これも藩により記載方法は様々ですが、詳細な系図で中世の頃からの先祖名を書き出しているものもあれば、「清和源氏」「藤原氏」などの大本の出自がきっちり書かれているものもあります。

秋田県公文書館では、秋田藩士の各家の由緒書が大量に所蔵されています。

和歌山県立文書館では紀州藩の藩士の由緒書が同様に所蔵されています。紀州藩の分は母方の分まで先祖書きがあったと記憶しています。

長州藩もやはり、藩士の由緒書が多数残されています。

こうしたものがあれば、一気に自家の千年前の出自まで分かることになります。

戦国時代の武士の記録も意外とあるもの

以前に中世から戦国期にかけての史料はほとんど現存していないと書きましたが、戦国時代の大名家の分限帳は丹念に探せば、想像している以上には存在しています。

たとえば戦国大名として今でも絶大な人気を誇る上杉家の家臣団の記録は、数千人単位で現存しています。

これは、米沢市上杉博物館所蔵の『文禄三年定納員数目録』と題された当時（1594年）の上杉景勝の家臣団を書き出したものです。当時はまだ「兵農分離」も明確ではない時代ですから、必ずしも上杉家の居城・春日山城下の上級武士だけではなく、近隣農村で普段は農業をやっていながら、いざ合戦で法螺貝が鳴ると具足を付けて槍を持って駆けつけるような農兵も含まれていそうです。

春日山城下に古くから居住している家などは、こうしたもので自家の名字を探すと結構出てくるのではないかと思います。

『文禄三年定納員数目録』は活字化されて、『上杉氏分限帳』（矢田俊文・福原圭一・片桐昭彦編　高志書院）という書籍内に収録されています。

また、石田三成の水攻めを凌いだことで有名な忍城（現埼玉県行田市）城主である成田氏長の天正10年（1582年）時点での家臣団を書き出した『成田家分限帳』もあります。これも活字化されているのですが、『埼玉叢書』などの古書や貴重書に収録されています。これらは国会図書館等で見ることができます。

以前にも、江戸時代中に上層農民だった家は戦国期まで遡ると由緒ある武家であるケースが多いと書きました。ですので、現地調査でそのような事実が分かった場合は、その地域の戦国期の武士の記録を探してみるのも一興といえます。

最後の成果は執念で差がつく

戸籍を超えた先祖探しの方法は、一律にこうやれば良いというものがありませんので、なかなか大変そうに見えるかもしれませんが、どんなものでもその世界に飛び込んでみれば徐々に慣れてきます。自然に専門用語なども覚えてしまいます。

こうした戸籍の範囲を超えた調査になると、私のように慣れた専門家の方が成果を出しやすいのは確かです。

しかし、ご自身で20年以上にわたり先祖探しを続けられているという方にも多く出会いました。そして、そういう方々は地道に良い結果を出されています。

調査において最後に成果をもたらすのは、実は経験や技術よりも「執念」ではないかと感じています。

墓石に刻まれていた、ほんの一文字二文字が大きな手掛かりとなり数百年分の先祖探しが達成される場合もあります。あるいは、その地域の古文書が所蔵されている行政機関に何年も通い膨大な古文書を丁寧に見ていった結果、ほんの一枚の文書に先祖のことが記されていたものを発見したなどというケースもあります。

しかし、あまりに肩に力を入れすぎても途中で疲弊してしまい長く続きませんので楽しむことも忘れてはいけません。せっかく、現地調査などに出向く場合には観光も兼ね、夜は地元のおいしい料理に舌鼓を打つ、温泉に入って地酒を頂くなんていうのも悪くありません。

私の場合は仕事ですから、そのような余裕はないのですが、自身の先祖調査をするなら、是非、楽しみながら行っていただきたいものです。最終的には当方に依頼をされましたが、それまでご夫婦で10年以上にわたり夫婦旅行を兼ねて先祖調査をやってきたという老夫婦もいらっしゃいました。お二人のそれまでの話を聞いていると非常に楽しそうでした。

楽しみながら、かつ執念深く、そういう方がいちばんご先祖様の記録に出会える確率が高いように見受けられます。

おわりに

お金さえ出せば世界中のどこにでも行ける時代ですが、自分という存在の根拠を探す旅には機会がなければ、なかなか出立できないでしょう。本書を手に取っていただいたのも何かの縁です。もしかしたら、ご先祖様があなたを誘ったのかもしれませんよ。

まずは、本書中にも書きました通り、戸籍取得や郷土史の閲覧といった辺りから始めていただければ幸いです。

本書を執筆中は、なかなか現地調査に出かける時間も取れませんでしたが、執筆を終えた今、私は明日からまた通常通りに先祖調査に東奔西走することになります。

あなたがこれを読んでくださっている今、私の方は日本のどこかの空の下で拓本を取ったり、江戸時代の古文書を繰っていたりしていることでしょう。

その様子は、いつもツイッターで生中継をしていますので、よろしければご覧ください。

◆「ご先祖探し実況生中継ツイッター」⇒https://twitter.com/marujimu/
（ツイッターアカウント「marujimu」）

皆さまの「先祖探しの旅」の安全を祈念しつつ筆を置かせていただくとしましょう。

丸山学（行政書士）

参考文献

『姓氏家系大辞典』太田亮著（角川書店）
『日本名字家系大事典』森岡浩著（東京堂出版）
『日本家系・系図大事典』奥富敬之著（東京堂出版）
『日本の家紋』（青幻舎）

著者略歴

丸山学《まるやままなぶ》

行政書士。一九六七年埼玉県生まれ。
会社設立、相続手続きなど行政書士業務のかたわら、
家系図作成に積極的に取り組む。
現在は、年間五十件以上の先祖探しを受託する他、
自分の先祖を九百年分たどるなど、家系図業務に特に力を入れている。
主な著書に『「家系図」を作って先祖を1000年たどる技術』（同文舘出版）などがある。

幻冬舎新書 258

先祖を千年、遡《さかのぼ》る
名字・戸籍・墓・家紋でわかるあなたのルーツ

二〇一二年三月三十日 第一刷発行

著者 丸山 学
発行人 見城 徹
編集人 志儀保博
発行所 株式会社 幻冬舎
〒一五一-〇〇五一 東京都渋谷区千駄ヶ谷四-九-七
電話 〇三-五四一一-六二一一(編集)
〇三-五四一一-六二二二(営業)
振替 〇〇一二〇-八-七六七六四三
ブックデザイン 鈴木成一デザイン室
印刷・製本所 株式会社 光邦

Printed in Japan ISBN978-4-344-98259-8 C0295
ま-6-1
幻冬舎ホームページアドレス http://www.gentosha.co.jp/
*この本に関するご意見・ご感想をメールでお寄せいただく場合は、comment@gentosha.co.jpまで。

楠原佑介
この地名が危ない
大地震・大津波があなたの町を襲う

我々の祖先は土地土地に「ここは危ない」というメッセージとして地名を付けてきた。つまり古い地名の分析が現在も次の災害の対策につながる。いまこそ先人の知恵に学べ！　災害地名学のすすめ。

巽好幸
地球の中心で何が起こっているのか
地殻変動のダイナミズムと謎

なぜ大地は動き、火山は噴火するのか。その根源は、6000度もの高温の地球深部と、地表の極端な温度差にあった。世界が認める地質学者が解き明かす、未知なる地球科学の最前線。

野本陽代
ベテルギウスの超新星爆発
加速膨張する宇宙の発見

ベテルギウスは星としての晩年を迎え、星が一生の最後に自らを吹き飛ばす「超新星爆発」をいつ起こしてもおかしくない。爆発したら何が起こるのか？　人類史上最大の天体ショーをやさしく解説。

田沼靖一
ヒトはどうして死ぬのか
死の遺伝子の謎

いつから生物は死ぬようになったのか？　ヒトが誕生時から内包している「死の遺伝子」とは何なのか？　細胞の死と医薬品開発の最新科学を解説しながら新しい死生観を問いかける画期的な書。

幻冬舎新書

古田隆彦
日本人はどこまで減るか
人口減少社会のパラダイム・シフト

二〇〇四年の一億二七八〇万人をもって日本の人口はピークを迎え〇五年から減少し続ける。四二年には一億人を割り、百年後には三分の一に。これは危機なのか？　未来を大胆に予測した文明論。

横山紘一
十牛図入門
「新しい自分」への道

牧人が牛を追う旅を、10枚の絵で描いた十牛図は、悟りを得るための禅の入門図として、古くから親しまれてきた。あなたの人生観が深まり、生きることがラクになる10枚の絵の解釈とは？

森博嗣
科学的とはどういう意味か

科学的無知や思考停止ほど、危険なものはない。今、個人レベルで「身を守る力」としての科学的な知識や考え方とは何か——。元・N大学工学部助教授の理系人気作家による科学的思考法入門。

島田裕巳
浄土真宗はなぜ日本でいちばん多いのか
仏教宗派の謎

多くの人は、親の葬儀を営む段になって初めて自らの宗派を気にするようになる。だが、そもそも宗派とは何か。歴史上どのように生まれたのか。日本の主な宗派をわかりやすく解説した。

幻冬舎新書

山下景子
現存12天守閣

防御地点として、権力の象徴として100以上も全国に点在した天守だが、戦乱の荒波や時代の移り変わりのなかで今や現存はたった12。奇しくも残った12城をぶらり探索。城の歴史や見所を詳述。

森政弘
親子のための仏教入門
我慢が楽しくなる技術

子供に我慢させるのは何より難しい。大人でも難しい「我慢」だが、仏教が説く「無我」を知れば、生きる楽しさがわかる。ロボット工学者が、宗教家と違う視点で解説した本当に役立つ仏教入門。

高井研
生命はなぜ生まれたのか
地球生物の起源の謎に迫る

40億年前の原始地球の深海で生まれた最初の生命は、いかにして生態系を築き、我々の「共通祖先」となりえたのか。生物学、地質学の両面からその知られざるメカニズムを解き明かす。

門倉貴史
本当は嘘つきな統計数字

なぜ日本人のセックス回数は世界最下位なのか？　協力者の選び方次第で結果が正反対になる世論調査、初めに結論ありきで試算される経済統計等々、統計数字にひそむ嘘を即座に見抜けるようになる一冊。

幻冬舎新書

村山斉
宇宙は何でできているのか
素粒子物理学で解く宇宙の謎

物質を作る究極の粒子である素粒子。物質の根源を探る素粒子研究はそのまま宇宙誕生の謎解きに通じる。「すべての星と原子を足しても宇宙全体のほんの4%」など、やさしく楽しく語る素粒子宇宙論入門。

丘山万里子
ブッダはなぜ女嫌いになったのか

ブッダの悟りは息子を「邪魔者」と名付け、妻子を捨て去ることから始まった。徹底した女性への警戒心、嫌悪感はどこからきたのか。実母、義母、妻との関わりから見えてくる、知られざる姿。

武田邦彦
偽善エネルギー

近い将来、石油は必ず枯渇する。では何が次世代エネルギーになるのか？　太陽電池や風力、原子力等の現状と、政治や利権で巧妙に操作された嘘の情報を看破し、資源なき日本の行く末を探る。

島田裕巳
平成宗教20年史

平成はオウム騒動ではじまる。そして平成7年の地下鉄サリン。一方5年、公明党（＝創価学会）が連立政権参加、11年以後、長期与党に。新宗教やスピリチュアルに沸く平成の宗教観をあぶり出す。